元宇宙教育

沉浸式终身学习社区

程晨 吴俊杰 著

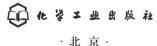

内 容 简 介

2021年是元宇宙的元年。随着网络技术以及智能硬件的不断发展，人类开始全面走进数字世界，开辟鸿蒙、创世而生。创造、生活、娱乐、社交、工作、学习，这些内容都可以在虚拟的时空中进行。未来每个人都会加入一个虚拟的世界中，而在这个虚拟世界中又可以链接到每个人自己的一个虚拟世界。在虚拟世界中，新的技术手段必将会对教育的形态产生一些影响。本书分享若干与元宇宙相关的教育示例，从特定角度展现了元宇宙教育可能的形态，归纳了元宇宙教育的特征，并尝试给出了元宇宙教育的定义，进一步阐述了信息技术教育和元宇宙之间相互推动促进的关系。

本书内容通俗易懂、观点新颖，能够带领读者深入体验元宇宙技术，并对元宇宙在教育领域的应用有所启发，可供元宇宙相关从业人员、教育工作者以及对元宇宙感兴趣的读者阅读参考。

图书在版编目（CIP）数据

元宇宙教育：沉浸式终身学习社区/程晨，吴俊杰著. —北京：化学工业出版社，2023.3
ISBN 978-7-122-42695-6

Ⅰ.①元… Ⅱ.①程…②吴… Ⅲ.①网络教育 Ⅳ.①G434

中国版本图书馆 CIP 数据核字（2022）第 258732 号

责任编辑：曾　越　　　　　　　　　　　装帧设计：水长流文化
责任校对：刘曦阳

出版发行：化学工业出版社（北京市东城区青年湖南街 13 号　邮政编码 100011）
印　　装：北京新华印刷有限公司
880mm×1230mm　1/32　印张 5　字数 116 千字　2023 年 6 月北京第 1 版第 1 次印刷

购书咨询：010-64518888　　　　　　　　　售后服务：010-64518899
网　　址：http://www.cip.com.cn
凡购买本书，如有缺损质量问题，本社销售中心负责调换。

定　　价：69.80 元　　　　　　　　　　　　　　　　版权所有　违者必究

前 言

一直以来，无数政治家、企业家和科学家都在以自己的方式畅想人类的未来，创客关注普及层面上的个体造物，使得每个人都有实现知识产权创业的可能性，并且在生活技能的层面上具备可持续发展、回收可重复利用材料和电子元器件的可能性，"万众创新、大众创业""富强、民主、文明、和谐、美丽"是创客精神在我国现阶段最真实的注脚。而目前大火的元宇宙则是从积极建设以虚拟现实技术为核心，人工智能、物联网共同参与的下一代人类生活环境的角度，展开的一场全球范围内的"风险投资"，二者共同面对的是虚实融合的未来社会的必然图景。而之所以将其放在一起思考，是因为创客造物离不开数字化的设计，通过3D打印机将虚拟的设计转化为真实的物品，而真实的物品也可以通过3D扫描仪进入虚拟的世界。人们拥有的虚拟物品越多，越可能达到一种"物质极大丰富"的状态。

本书侧重于元宇宙，特别是元宇宙教育的诸多讨论，但从整体上仍然延续着创客看待新技术的一贯角度：把看起来高大上的技术用身边的例子做通俗易懂的解释，通过学习和分享，让技术的发展更好地为人类造福。在这个意义上，本书仍然可以看作是一本创客教育的书籍，笔者将会延续一直以来的风格，构建扎实的内容但又不失丰富想象，呈现体系化的论点来介绍元宇宙教育。

本书首先从小说、影视作品、游戏、前沿技术这几个维度让读者对"元宇宙"有一个感性的认识，然后结合游戏公司Roblox提出的"元宇宙"关键特征总结了元宇宙的特性，接着从这些特性出发，通过几个与元宇宙相关的教育示例，从特定角度展现了元宇宙教育可能的形态，归纳了元宇宙教育的特征，并尝试给出了元宇宙教育的定义，进一步阐述了信息技术教育和元宇宙之间相互推动促进的关系。

本书是一本针对元宇宙教育进行讨论的图书，面向想了解元宇宙教育的朋友，希望以此书为纽带，展现以元宇宙为基础构建虚实融合教育新时代终身学习的美好未来。

感谢现在正捧着这本书的你，感谢你肯花费时间和精力阅读本书，由于时间有限，书中难免存在疏漏，诚恳地希望你批评指正，你的意见和建议将是我们巨大的财富。

著者

目 录

第一章　元宇宙的概念

雪崩　　　　　　　　　　　　　　002
头号玩家　　　　　　　　　　　　004
黑客帝国　　　　　　　　　　　　005
Roblox　　　　　　　　　　　　　006
Web 3.0　　　　　　　　　　　　 009
缸中大脑与庄周梦蝶　　　　　　　010

第二章　元宇宙的特征

沉浸式体验　　　　　　　　　　　014
自由的创造　　　　　　　　　　　018
社交网络　　　　　　　　　　　　021
经济系统　　　　　　　　　　　　023
文明形态　　　　　　　　　　　　031

第三章　元宇宙教育

Minecraft　　　　　　　　　　　 035
模拟装置　　　　　　　　　　　　045
我的故宫世界　　　　　　　　　　052

第四章 元宇宙教育的特征

- 交互性更强的知识网络　063
- 多样的知识展现形式　070
- 灵活的知识价值系统　082
- 沉浸探究式的终身学习　086

第五章 信息技术教育推动元宇宙发展

- 元宇宙技术核心　094
- 元宇宙基础设施　107
- 信息技术教育　118

第六章 元宇宙教育推动教育变革

- 教育模式的转变　128
- 三人行必有我师　134
- 新职业与新教育　139

参考文献　154

第一章

元宇宙的概念

"元宇宙教育"从字面上来看就是"元宇宙"与"教育"的结合，但这种结合是怎样的一种形式呢？如果"元宇宙"是一个技术，那么"元宇宙教育"可能就是指如何学习并使用这种技术；而如果"元宇宙"是一种方法，那么"元宇宙教育"可能就是指如何利用这种方法进行教育。因此在介绍"元宇宙教育"之前，我们有必要先来了解一下"元宇宙"。

雪崩

元宇宙这个词的英文是"Metaverse"，是由universe（宇宙）这个词变形而来的，是将universe前面的uni变成了有超越含义的meta[1]。这个词最早诞生于1992年尼尔·斯蒂芬森的科幻小说《雪崩》。小说描绘了一个庞大的虚拟世界——Metaverse，当小说主人公进入这个世界的时候，描述是这样的[2]：

这台电脑的顶部表面光滑而又平坦，只有一只广角鱼眼镜头凸出在外——这是一个抛光的玻璃半球体，覆盖着淡紫色的光学涂层。每当阿弘（小说中的主人公）使用电脑时，镜头便会自动弹出，咔嗒一声就位，底座正好与电脑的上盖平齐。

镜头下方的电脑内部有三束激光——分为红、绿、蓝三色。这些激光颇具强度，足以发出明亮的光芒，但不会强到灼穿你的眼球，烤焦你的大脑，烧透你的前额，摧毁你的脑叶。

---

[1] 有学者认为Metaverse一词是由前缀meta和词根verse组成的合成词，笔者认为其是一个变形词。

[2] 四川科学技术出版社2009年版的《雪崩》中译本，郭泽译。

就像每个人在小学里学过的那样，这三种颜色的光能够以不同的强度组合在一起，制造出阿弘能看到的任何颜色。

这样一来，电脑内部就能发出一道细细的光束，可以是任何颜色，通过上方的广角鱼眼镜头射到任何方向。电脑中的电子镜面让这束光在阿弘的目镜上来回扫描，很像电视机中的电子束扫过显像管的内壁。由此形成的图像就悬在阿弘的双眼和他所看到的现实世界之间。

只要在人的两只眼睛前方各自绘出一幅稍有不同的图像，就能营造出三维效果。再将这幅立体图像以每秒七十二次的速率进行切换，它便活动起来。当这幅三维动态图像以两千乘两千的像素分辨率呈现出来时，它已经如同肉眼所能识别的任何画面一样清晰。而一旦小小的耳机中传出立体声数字音响，一连串活动的三维画面就拥有了完美的逼真配音。

所以说，阿弘并非真正身处此地。实际上，他在一个由电脑生成的世界里：电脑将这片天地描绘在他的目镜上，将声音送入他的目镜中。

国际互联网协会（Internet Society，ISOC）1992年1月成立，主要的工作是制定互联网相关标准、推动互联网全球化、加快网络互联技术、发展应用软件、提高互联网普及率。而到1992年7月，网络上才开始提供仅传送文本信息的电子邮件服务，但小说的作者已经描绘出了一个沉浸式交互的数字虚拟世界，这个世界的规则由计算机协会全球多媒体协议组织[1]制定。

在这个世界中，人们可以通过一个数字化的虚拟形象在一个虚

---

[1] 这个组织是小说中虚构的一个组织。

拟的世界中活动与交流。

一条灯火辉煌的主干道，反射在阿弘的目镜中……它不是真正存在，但此时，那里正有数百万人在街上往来穿行。

开发者可以构建自己的小街巷，依附于主干道。他们还可以修建楼宇、公园、标志牌，以及现实中并不存在的东西，比如高悬在半空的巨型灯光展示，无视三维时空法则的特殊街区❶。

● 头号玩家

简单来说，"元宇宙"是一个平行于现实世界，又独立于现实世界的虚拟空间，这个虚拟空间利用科技手段创造，人类通过硬件设备与之连接，能够与现实世界映射与交互，是一个具备新型社会体系的数字生活空间。

如果你觉得小说文字的描述不够直观（也有可能是太过于抽象，毕竟《雪崩》是一本30年前的书），那么可以回想一下电影《头号玩家》（*Ready Player One*）中的场景。

电影中设定的时间是2045年，那时，处于混乱和崩溃边缘的现实世界非常令人失望，于是人们就将救赎的希望寄托于一款虚拟游戏"绿洲"，这个游戏是由鬼才詹姆斯·哈利迪一手打造的虚拟现

---

❶ 在《雪崩》的中译本（郭泽译，四川科学技术出版社2009年版）中，"Metaverse"被翻译为"超元域"。在《雪崩》中除了提到的"Metaverse（元宇宙）"，还提到了"Avatar（化身，文中的意思是指在虚拟世界中的形象）"这个词。电影《阿凡达》的英文名就是"Avatar"，指人类在遥远的潘多拉星球的化身。

实空间。人们只要戴上VR设备[1]，就可以进入这个与现实形成强烈反差的虚拟世界。

"绿洲"有自己独立的社会经济运行体系。在这个世界中，有繁华的都市，形象各异、光彩照人的玩家，甚至还有图书馆和博物馆来记录虚拟世界和现实世界的"故事"（包括詹姆斯·哈利迪打造这个世界的资料）。而不同次元的影视游戏中的经典角色也可以在这里齐聚。每天有数十亿人在"绿洲"中生活，有些人在其中相识相知，成为挚友，甚至结婚，但他们在现实世界中可能都没有见过面。而现实中一个挣扎在社会边缘的人，在"绿洲"里有可能成为超级英雄。

电影的主角韦德·沃兹在现实生活中只是一个生活在贫民区的普通人，害羞、不合群、毫无存在感，但是在"绿洲"中，他的虚拟形象帕西法尔却是"绿洲"世界中人们眼里的超级英雄，他自信、勇敢、机智，颇受大家喜爱。电影中还有一个设定非常重要，即在"绿洲"中流通的货币是能够和现实世界的货币兑换的。

相比于《雪崩》，由于现在已经有了一些科技产品的原型，所以电影《头号玩家》更加具象地向我们展示了元宇宙的可能性。

黑客帝国

同样是数字化虚拟世界的设定，之前更为经典的电影（而且还

---

[1] 虚拟现实（Virtual Reality）设备，指类似于《雪崩》中描述的那种通过技术手段创造出一种逼真的虚拟的现实效果的设备，目前大致可以分为四类，分别是：建模设备；三维视觉显示设备；声音设备；交互设备。

是系列电影)应该就算《黑客帝国》(The Matrix)了。

这个系列的电影设定要更科幻一些,讲述了一名年轻的网络黑客尼奥发现看似正常的现实世界实际上是一个虚拟世界,这个虚拟世界由一个名为"矩阵"(Matrix,电影英文名)的计算机人工智能系统控制。而与之对应的现实世界中,绝大多数的人类都是作为产生生物能和热能的能源体被关在能量农场的,这些人直接通过连接到中枢神经的线缆与虚拟世界相连,由于直接连接大脑神经,因此不需要使用VR设备。

为了获得更多的能量,他们会一直"被"沉浸在"矩阵"当中,而逃出"矩阵"的人会进入一个叫作锡安的地下城市,在这里,这些人会繁衍子女,并且想方设法从"矩阵"中拯救更多的人。

《黑客帝国》讲述的是一个现实世界与虚拟世界对抗的故事,这与《雪崩》和《头号玩家》讲述的现实世界与虚拟世界融合的故事似乎有点差异。

Roblox

前面的内容介绍了小说和影视作品中的"元宇宙",下面再来介绍一个游戏中的"元宇宙"。

2021年3月10日,一家名为Roblox的游戏公司(图1.1)通过DPO的方式在纽交所上市,上市前该公司股价在纽交所的参考价格为每股45美元,对应市值为295亿美元。2021年3月11日上市后,公司股价一路飙升,峰值达到每股103美元。当日收盘,公司市值为400亿美元,相当于老牌游戏公司育碧(Ubisoft)的六倍。相较于其他老牌游戏公司,这个游戏公司只有Roblox这一款游戏。

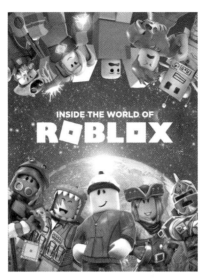

图1.1 游戏公司Roblox的海报

Roblox是首个将"元宇宙"写进招股说明书的公司。Roblox提到,有些人把我们的服务范畴称为"元宇宙",这个术语通常用来描述持久的、共享的三维虚拟空间。随着越来越强大的计算设备、云计算和高带宽网络的出现,"元宇宙"将逐步变为现实。Roblox已经构建出了元宇宙的雏形,它既提供三维游戏体验,又提供创作游戏的工具(即Roblox Studio),同时还有很强的社交属性,玩家可以自行输出内容,实时参与活动,并且还有独立的经济系统。

作为一个兼具游戏、开发、教育属性的在线游戏系统,Roblox中大部分内容都是由业余的游戏创建者制作的,这一点和传统的游戏公司完全不同。Roblox实际上提供了一个大家可以以虚拟形象进行交互的游戏制作平台。如果玩家有什么有意思的游戏构思,但没有获得商业资助,那么就可以在Roblox中自主创作游戏,然后邀请Roblox中的其他玩家来参与。随着其他人的参与,游戏规则在玩的过程中会逐步形成与完善。

为满足游戏社区玩家的整体需求，Roblox的创建者也会对游戏进行快速的更新和迭代。正是因为游戏库不断地变化和扩展，Roblox才更受欢迎。按照Roblox自己的说法，玩家创作的游戏被称为体验（Experience），而参与其他玩家的游戏称为探索。截至2020年底，Roblox用户已经创造了超过2000万种体验，其中1300种体验已经被更广泛的社区探索。这些体验都是由玩家，而非Roblox公司创造的。

Roblox是世界最大的多人在线创作游戏，据官方的统计，玩家每天使用Roblox的时间为2.6h，每个月约探索20种体验。2020年第四季度，Roblox的平均日活用户达到3710万。用户可以在手机、电脑、平板和VR设备上运行Roblox（并不像小说或影视作品中那样必须使用VR设备）。只要你创建一个免费的虚拟形象，就可以访问绝大多数虚拟世界，用户可以通过游戏中的货币Robux来改善一些体验中的感受（特定场景或辅助道具），或者购买一些用于虚拟形象的首饰和服饰。2020年，Roblox的付费用户为49万。

Roblox的经济系统是这样运行的：玩家购买Robux，而开发者和创造者可以通过创造体验来获得Robux。Robux可以消费，也可以投入到游戏中，或者兑换成现实世界的货币。在玩家购买道具或服饰时，其支付的Robux是给道具或服饰的开发者的，Roblox在其中会收取一部分平台费用。2020年，超过120万开发者赚到了Robux，其中超过1250名开发者收入高达1万美元，超过300名开发者收入高达10万美元。不过开发者每年至少要赚10 Robux才能将Robux换成美元。

公司把购买Robux的形式称为"booking"，2020年1~9月用户累计"booking"12亿美元，公司2021财年收入为19亿美元，与

2020财年相比增长了108%。

Roblox构建的元宇宙场景是不是更清晰呢？而且这些都已经实现了。"元宇宙"可以理解为：通过虚拟增强的物理现实，呈现收敛性和物理持久性特征的，基于未来互联网的，具有连接感知和共享特征的3D虚拟空间。

Web 3.0

也有一种说法是元宇宙可以简单理解为Web 3.0，即第三代互联网。

第一代互联网的本质其实是连接，就是将全世界的计算机通过网络连接起来，然后信息传输从电子邮件、即时通信到网络新闻、在线搜索。Web 1.0的核心是点击量或流量。无论是早期融资还是后期获利，依托的都是为数众多的用户和点击率，以点击率为基础上市或开展增值服务。受众群众的基础，决定了盈利的水平和速度。从知识生产的角度看，Web 1.0的任务，是将以前没有放在网上的人类知识，通过商业的力量，放到网上去。从内容提供者角度看，Web 1.0是以商业公司为主体把内容往网上搬。这一阶段的代表就是各大门户网站，再加上后来的谷歌、百度、亚马逊、阿里巴巴、京东、腾讯等。

假如说第一代互联网的本质是连接，那么第二代互联网的本质就是互动，其核心是让网络用户更多地参与数字信息的创造、传播和分享，而这个过程是有价值的，用户既是网站内容的浏览者，也是网站内容的制造者。随着智能手机的出现以及3G、4G甚至是5G技术的发展，网络用户具备了"永远在线"和"随时随地"的特点，我们随时生活在网络中，社交关系被大量引入互联网，更多的新社交关系被建立。社交网络、短视频、网络直播、大众评价、生活分享等移动互联网服务成为主流。这个阶段的代表从不同的分类来看包含表1.1所示的企业或品牌。

表1.1 主流IT企业的分类及演化

领域划分	企业或品牌
手机应用	苹果系统、安卓系统
信息发布	新浪微博、微信
知识分享	知乎、百度百科
大众评价	大众点评、豆瓣、美团
短视频	抖音、视频号、快手

第二代互联网更多的是网络用户把现实世界投射到数字世界中，通过数字世界加快现实世界信息传输的速度，改善现实世界的效率与体验。而第三代互联网则是在数字世界中创建一个具有连接感知和共享特征的3D虚拟空间。同时，相比于Web 2.0，Web 3.0更注重信息归属以及数字内容的价值，由此会产生新的资产与经济体系。Web 3.0，或者说元宇宙，绝对不仅仅是一种技术上的革新。

缸中大脑与庄周梦蝶

元宇宙的概念可能会让人类产生一个思考，我们现在所谓的现实世界有没有可能也是虚拟的，就像《黑客帝国》中设定的那样。

希拉里·普特南（Hilary Putnam）于1981年在他的《理性、真理与历史》（*Reason, Truth, and History*）一书中，阐述了一个假想——缸中之脑。

这个假想的基础是人所体验到的一切最终都要在大脑中转化为神经信号。现在假设一个疯子科学家、机器或其他任何意识生命体将一个大脑从人体取出，放入一个装有营养液的缸里维持着它的生理活性。脑的神经末梢连接在一台超级计算机上，超级计算机通过神经末梢向大脑传递和原来一样的各种神经电信号，并对于大脑发出的信号给予和平时一样的信号反馈，则大脑所体验到的世界其实是计算机制造的一种虚拟现实，那么这个大脑能否意识到自己生活在虚拟现实之中呢？

这个假想常被引用来论证一些哲学，如知识论、怀疑论、唯我论和主观唯心主义。一个简单的论证如下：因为缸中之脑和头颅中的大脑接收一模一样的信号，而且这是它唯一和环境交流的方式，从大脑的角度来说，它完全无法确定自己是颅中之脑还是缸中之脑。如果是前者，那它的想法是正确的，它确实走在大街上或者在划船。如果是后者，那它就是错误的，它并没有在走路或划船，只是接收到了相同的电信号而已。一个大脑无法知道自己是在颅中还是缸中，因此这世间的一切可能都是虚假的、虚妄的。

从生物学的角度讲，个体对于客观存在的认知或判别取决于其所接收的刺激，假设缸中脑生成一系列"测试用"反应用于检测自身的认知，同时"系统"又能及时给予相应的刺激作为回应，此时问题的症结就不在于缸中脑对于世界的认知，而在于"观察者"自身对于世界的认知。

与"缸中之脑"假想相似的最早记录，是我国古代的"庄周梦蝶"。《庄子·齐物论》记载："昔者庄周梦为胡蝶，栩栩然胡蝶也，自喻适志与，不知周也。俄然觉，则蘧蘧然周也。不知周之梦为胡蝶与，胡蝶之梦为周与？周与胡蝶则必有分矣。此之谓物化。"这个故事是说，从前庄周梦见自己变成了蝴蝶，感到无限的自由舒畅，竟然忘记了自己是庄周。醒后惊惶地发现自己是庄周，却又不知是庄周梦见自己变成了蝴蝶呢，还是蝴蝶梦见自己变成了庄周。这就是他物与自我的交合变化。这个看似荒谬的故事显示了庄子不同凡俗的思维方式，以及其超越常人的精神与生命境界的思维。

第二章

元宇宙的特征

通过第一章的内容,我们应该对什么是"元宇宙"有了一个感性的认识。结合最新科技的发展,在2021年的语境下,"元宇宙"的概念从《雪崩》到Roblox,从小说中的名词变成了游戏公司对于公司业务的描述,这个概念变得更加具象了。作为第一家将"元宇宙"写进招股说明书的公司,Roblox尝试着概括描述"元宇宙"的特征❶,它提出"元宇宙"包含八个关键特征,即身份(Identity)、朋友(Friends)、沉浸感(Immersive)、低延迟(Low Friction)、多元化(Variety)、随时随地(Anywhere)、经济(Economy)以及文明(Civility)❷。这八个关键特征有的很具体,有的很抽象,笔者将它们归纳为以下五个特征。

沉浸式体验

这个特征包含了Roblox提出的沉浸感(Immersive)、低延迟(Low Friction)、随时随地(Anywhere)这三个特征。

沉浸感

这里的沉浸感可能和阅读小说或观看影视作品中的沉浸感稍有

---

❶ 绝大多数人听说"元宇宙"是在2021年10月底,Facebook公司的扎克伯格宣布将Facebook更名为有元宇宙含义的Meta。不过笔者认为Facebook并没有真正创建一个元宇宙的雏形,只是在其原本的社交平台上加了一个VR的外衣,所以本书认为其与书中讨论的元宇宙以及元宇宙教育关系不大。不过Facebook利用其在社交领域的领先地位,客观上促进了大众对于元宇宙一词的认知。

❷ 笔者认为Roblox真正从理念上尝试构建一个元宇宙的雏形,因此从"元宇宙"的特征方面采用了Roblox提出的八个关键特征。截至2022年3月,Roblox的市值为237.22亿美元。

不同。当你阅读一本特别引人入胜的书，或观看一部剧情精彩的电影时，虽然也会将自己带入到作品当中，但是整个故事的发展以及人物的性格都是作者或导演已经设定好的，这里的沉浸感主要是指我们是否能够感受到角色的心情，体会到角色的处境。而在元宇宙中，虚拟形象所遇到的事情都要玩家自己来决策，我们要自己选择事情的走向，我们对虚拟角色的控制会成为影响周围虚拟环境的主要因素。这种沉浸感在迄今为止的人机交互中还很欠缺。

低延迟

延迟指的是数据从虚拟世界的客户端传到服务器，经过处理后再返回给客户端的速度。这个速度会严重影响沉浸式体验。通常网络状态越好，服务器响应越快，参与人数越少，角色及画面越粗糙，则延迟就越小。对于一个元宇宙的虚拟世界来说，当然是希望参与的人数越多越好，那么只能提高服务器的响应速度，同时要求玩家根据自己计算机的性能和网络状况选择对应的角色及画面的精度，另外还可以限定某个区域参与的人数（就像《雪崩》中的黑日大厦）。像Roblox则是整个世界都采用了一种低像素级别的模式。

随时随地

随时随地也不是指我们任何时候都要"身"处"元宇宙"当中，而是指能够通过多种终端设备以多种形式连接到"元宇宙"。就比如在现实世界中，假如需要开个会，那么可以直接到某个场地面对面开会，如果过不去，那么可以在家以视频的方式参会，而如果网络不太好，也可以仅通过语音参会。相对于"元宇宙"，则表现为玩家可以在手机、电脑、平板或VR设备上连接并进入"元宇宙"，另外，根据自己所使用设备的性能和网络状况（Wi-Fi、光纤、4G或5G）也可以选择不同的接入形式和画质。这种多种终端、多种形式的连接就保证了我们与"元宇宙"之间的"链接"是始终保持的。

阿凡达

沉浸式体验这个词是任何电子交互类的产品都会强调的，而对于"元宇宙"来说，沉浸式体验则要让玩家体验到一个"实实在在"的世界。随着短视频的兴起，我们可能会沉迷在刷抖音的世界里，一刷一两个小时好像是很正常的一件事，但这种情况属于沉迷而不是沉浸。因为刷抖音的时候，虽然我们一直在使用抖音应用软件，眼镜一直盯着屏幕，但没有人会觉得自己在另一个"世界"，没有身临其境的感觉，我们依然明确地知道我们处在这个现实世界中，手里拿着手机，心想着"看完这个视频就休息"。

对于沉浸式体验最好的诠释应该是电影《阿凡达》（图2.1），当男主人公变成阿凡达的时候，他是一个全新的"自我"，他能真正感觉到这个新的星球，甚至能通过身上像"辫子"

图2.1　电影《阿凡达》中主人公通过像"辫子"
一样的"接口"与其他生物相连

一样的"接口"去感知其他动植物。当然在电影中,这也确实是一个个实实在在的星球,不是一个虚拟的空间。

在《阿凡达》中,男主人公是一位因为战争失去双腿的军人,而在《雪崩》中也有这样一个让人印象比较深刻的人物——吴。在现实世界中,吴是一名在战争中致残的军人,他开始的一段时间试用过假肢,但他觉得没有电动轮椅方便,因为外部的机械装置有时会比四肢用起来更方便。进一步,他就想是不是可以将轮椅放大,这不是简单的尺寸放大,在笔者看来,这是真正地把自己改造成了一个半机械的人,书中说他买了一辆德国造的厢式货车,然后改造成了他的"轮椅"。他可以一直在车上。

吴说:"你可以使用网络交互通过免下车的方式得到任何东西。换机油、买酒、去银行、洗车、参加葬礼,随便你想干什么,都能办得到!所以说,这辆车比又小又可怜的电动轮椅强多了。它已经成了我身体的延伸部分。"

而吴在车上的情形是:自他的太阳穴以下,整个头部都包裹在一套巨大的"目镜/面具/耳机/饲喂管"单元组件里。一根根智能束带将这套组件固定在他的头颅上,不停地绷紧或放松,让装置令人舒服、位置妥帖。头部下方的两侧,也就是通常会看到双臂的地方,是两大捆电线、光缆和导管,从地板延伸而上,似乎插进了吴双肩上的插槽。在他双腿的根部也是类似的情形:更多的东西插进他的腹股沟,并与躯干上的不同位置相连。整个人都被裹在一件整体式连身衣中,形成一只口袋,比躯体应有的尺寸还要大,不停地鼓动抽搐,就像有生命一般。

通过"目镜/面具/耳机/饲喂管"单元组件,吴一直"生活"在Metaverse当中,这里,吴的家是一幢别墅,位于湄公河三角洲上一个叫作"美托"的村庄里。为了给自己创造出的世外桃源留出足够的空间，吴申购了一块距大街数英里远的土地。他有一间轩敞的办公室，配以法式落地玻璃门，门外的阳台面朝一望无际的稻田，许多越南人正在田间劳作。这些人全都被电脑描摹得惟妙惟肖，各自做着不同的事情。而吴"本人"，或者，至少他的化身，是个短小精悍、五十来岁的越南人，头发紧贴在脑袋上，穿着一件军装式样的卡其布制服。他正坐在椅子上。

现实世界与虚拟世界是通过吴前面的几个小电视"衔接"在一起的。

每一台小电视屏幕上的画面都是从厢式货车里向外看到的景象，分为不同的视角：风挡玻璃、左窗、右窗、后视镜。另一台屏幕上的电子地图显示出吴所在的位置。

"这辆货车由声音控制。"吴解释说，"我拆掉了'方向盘和脚踏板'操作界面，因为我发现声控系统用起来更方便。我时常会发出一些不寻常的声响，那是我在对车子的系统进行控制。"

通过这些描述，大家有没有感觉也许对于吴来说，小电视里呈现的现实世界才是虚拟的。书中的描写更能表现沉浸式体验的场景。

眼睛是我们主要用于接收外界信息的"接口"，所以目前增加沉浸式体验效果最好的形式还是使用VR设备，有点类似于电影《头号玩家》中的场景。

● **自由的创造**

这个特征包含了Roblox提出的多元化（Variety），是指在虚拟世界中要足够自由，玩家能够自由地创造，自由地发挥各自的创造力，实现整个世界超越现实世界的多元化。

图像或建筑物的创造

创造是多方面的，比如可以进行数字图像或建筑物的创造。由于在虚拟世界中，没有现实世界中物理规则的限制，所以在这里的建筑物创造更加自由。就像《雪崩》中说到的：

开发者可以构建自己的小街巷，依附于主干道。他们还可以修建楼宇、公园、标志牌，以及现实中并不存在的东西，比如高悬在半空的巨型灯光展示，无视三维时空法则的特殊街区。

而图像的创作也可以附带很多额外的属性，比如一幅会生长或会随时间变化的图像。

空间的创造

除了图像或建筑物的创造，还可以进行空间的创造，即通过一个入口就能进入另一个空间，就好像通过英国伦敦国王十字车站的九又四分之三站台[1]能够搭上开往霍格沃茨魔法学校[2]的火车一样（图2.2）。

---

[1] 英语：Platform Nine and Three-Quarters。在英国作家J.K.罗琳的魔幻小说《哈利·波特》系列中，如果想去魔法学校，需要乘坐从这个站台开出的火车。这个站台存于英国伦敦的国王十字车站的第九站台和第十站台中的第三个柱子。

[2] Hogwarts School of Witchcraft and Wizardry，简称"霍格沃茨"（Hogwarts），被认为是魔法世界中最好的魔法机构之一，位于苏格兰高地，是J.K.罗琳所著的魔幻小说《哈利·波特》《神奇动物在哪里》等及其相关衍生作品中的公立魔法学校。它接收来自英国和爱尔兰的魔法学生入学，由魔法部资助。

图2.2　英国伦敦国王十字车站的九又四分之三站台

其实这很像目前网页中链接的概念，即通过一个链接就能进入另一个网站或页面。在《雪崩》当中，主人公在虚拟世界中的"个人图书馆"也是这样的一个空间。

办公室的一扇米纸隔墙轻轻滑开。在墙的另一边，阿弘看到一个以前不曾有过的大房间，里面灯色朦胧。

规则的创造

除此之外，还可以进行规则的创造，比如一个充满了魔法的空间，就像《哈利·波特》中的魔法世界；或是一个"重力"方向不断变化的空间，就像《盗梦空间》❶中的场景（图2.3）。

---

❶ 《盗梦空间》是由克里斯托弗·诺兰执导，莱昂纳多·迪卡普里奥、玛丽昂·歌迪亚等主演的电影。影片剧情游走于梦境与现实之间，被定义为"发生在意识结构内的当代动作科幻片"。影片讲述由莱昂纳多·迪卡普里奥扮演的造梦师，带领约瑟夫·高登-莱维特、艾伦·佩吉扮演的特工团队，进入他人梦境，从他人的潜意识中盗取机密，并重塑他人梦境的故事。

图2.3 《盗梦空间》中一个不断在翻滚的走廊

在物理世界中,创造是需要较长时间的练习的,比如古代家具、铁器、瓷器的制作,都需要拜师学艺和持续的练习。但在元宇宙中,创造只和想象力有关,其他的工作软件都能够搞定。只要你想得到,无论你是计划建造一座摩天大厦,还是亲手设计一款芯片,再或者是创建一个新的元宇宙虚拟世界,通过鼠标和键盘就能够轻易实现。

所有人都能够进行创造。进行自由地创造,这一点对于元宇宙来说是非常重要的。因为如果没有创造,就没有个人的资产或个人的作品,而如果没有个人的资产或作品,就没有交易;如果没有交易,就不会有元宇宙的另一个重要特征——经济系统。这个特征稍后会介绍。

● 社交网络

这个特征包含了Roblox提出的身份(Identity)和朋友(Friends)这两个特征。

身份

每个来到元宇宙的人都要有一个身份（Identity），身份当中包含了名字、外形、皮肤、服饰、装饰物、装备，以及账户、资产、健康状况等个人信息。身份就是虚拟世界中的你。

如果要保证良好的沉浸感体验，那么我们就不能以上帝视角进入元宇宙，而要以第一视角在元宇宙中探索，即我们是元宇宙中的一员。这是构建完整生态的第一步。

朋友

有了身份的个人在元宇宙中就会结识朋友（Friends）。这里的朋友主要指在虚拟世界中的社交网络中认识的人。朋友可以简单理解为你对对方资料的了解程度，这些资料除了身份当中包含的信息之外，还包括对对方性格、脾气的了解。由于在虚拟世界中，大家都是以虚拟形象沟通与交流，所以同一个人在虚拟世界和现实世界中有可能完全是两种性格。而且通常内向的人心里都住着一个外向的自己，只是这种外向没有展示的舞台或环境。通过这一点，其实我们可以认为，性格和周围的环境是有很大关系的。

在电影《头号玩家》中，韦德·沃兹在现实生活中只是一个普通人，害羞、不合群、毫无存在感，但是在"绿洲"中，却是人们眼里的超级英雄，自信、勇敢、机智。而且影片中的那几个人之前也一直都是"绿洲"中的朋友，在现实世界中没有见过面。帕西法尔（或者说是韦德·沃兹）的朋友大多在现实与虚拟的世界中也是完全不同的形象。比如艾奇，在现实世界中她是一个豪爽的黑人女孩，不过她不想因为性别被别人忽视能力，所以在游戏中选择成为男性。艾奇是"绿洲"最好的机械师，身材巨大，幽默风趣。再比如少年周，现实世界中他是一个11岁的少年，但在虚拟世界中他是一名日本忍者，是"绿洲五强"之一，拥有着与年龄不相称的勇敢与成熟。不过影片的女主人公却是一个现实与虚拟人物性格和特点都极为相似的人。

从目前的情况来看，其实两个社交网络（现实世界的社交网络和虚拟世界中的社交网络）正在相互渗透，现实世界中的社交也会延续到虚拟世界，而虚拟世界中的朋友也会有见面或者添加微信的一天。电影《头号玩家》中，几个朋友也汇集到了一辆面包车里。

经济系统

这个特征即Roblox提出的经济（Economy）特征。这个特征是其他元宇宙相关的图书中介绍最全、最深入的。

传统经济是以实物商品的生产、流通、消费为核心内容的经济学。实物产品能够满足人们吃穿住行等生活需求。围绕人类的生活需求而建立起来的市场、货币、产权、法律等一系列制度安排和经济秩序，就属于传统经济学的研究范畴。

数字产品

随着数字技术的发展，出现了越来越多的以数字为载体的产品，比如游戏、短视频、电影等。而在游戏中，我们也可以制造仅在游戏中需要的"道具""皮肤"等产品。以数字为载体的产品可以称为数字产品。数字产品大致可以分为三类：第一类是信息和娱乐产品，比如图像图形、音频产品和视频产品等；第二类是象征、符号和概念，比如航班、火车票的订票过程，支票、电子货币、信用卡等财务工具等；第三类是过程和服务，比如电子消费、远程教育和交互式娱乐等。

尽管同为数字产品，但其产生和消费的场景不同，有些是在现实世界创造，在现实世界消费，比如电影、音乐这种第一类数字产品；有些是在现实世界创造，但在数字世界消费，比如第二类和第三类中的一些数字产品；而有些是在数字世界创造，同时又在数字世界消费，比如游戏中的"皮肤""道具"等，这些属于第三类数字产品。

数字经济

2016年，G20杭州峰会发布的《二十国集团数字经济发展与合作倡议》对数字经济做过一个定义：以使用数字化的知识和信息作为关键生产要素、以现代信息网络作为重要载体、以信息通信技术的有效使用作为效率提升和经济结构优化的重要推动力的相关一系列经济活动都属于数字经济。通过这个定义能够看出来，无论是物质产品还是非物质产品，只要生产、流通、消费的任何一个环节利用了数字技术或利用了数据，都属于数字经济的范畴。而就研究对象和应用范围而言，元宇宙的经济可以认为是数字经济的一个子集，是指创造、交换、消费等过程都在数字世界完成的经济活动。

目前，我们在一些大型游戏中，能看到元宇宙经济的雏形。比如在美国很受欢迎的游戏《第二人生》中，玩家可以创造各类虚拟商品进行出售。利用游戏提供的道具、材料创造内容，然后在游戏中销售，这就是典型的元宇宙经济。

因此，元宇宙经济事实上摆脱了传统经济的一些限制条件，比如有限的自然资源、复杂的保障秩序的制度、市场建立的巨大成本等。物理资源的限制，是传统经济学最主要的约束条件。人类的生存必须要有一定的物理资源，比如土地、淡水等。在现实世界中，我们的吃穿住行都直接或间接来自于土地的恩赐。在农业时代，土地是最基本的生产要素，而在工业时代，所有的工厂商店也都建在土地上。没有土地，就没有现在的社会，不过土地资源是有限的，尤其是有效的土地资源，所以马尔萨斯才会提出人口理论。

亚当·斯密在《国富论》的第一篇第二章中提到：我们获取的食物并非来自于屠夫、酿酒师和面包师，而是出于他们的利己思想。我们不用向他们祈求怜悯，只需要唤醒他们的利己心理就行。我们不必向他们诉说我们的需求，只需要强调他们能够获得的利益。

这几句话蕴含着传统经济学的几个基本前提：资源具有稀缺性，经济个体是利己的，经济个体是理性的。理性可以理解为每个人所从事的经济活动或经济行为，都是为了以自己最小的经济代价获取最大的经济利益。西方经济学家认为，在任何经济活动中，只有这样的人才是符合"逻辑"的人。放在极端的情况下考虑，"理性"是趋利避害的生存本能。生存理性是经济理性的基础。

不过在没有资源限制的元宇宙中，亚当·斯密所说的内容就不太符合了。元宇宙中，生命是无限的，生存或死亡，无非是一局游戏的开始或结束。最坏的情况也不过是从头再来。另外，在虚拟世界中也没有生老病死的问题，这些虚拟形象不需要吃饭、不会变老。大家来到元宇宙中，就是要挣脱理性的束缚，来体验不一样的人生，是为了追求马斯洛需求模型中最顶端的需求，即自我实现甚至超越自我的需求。

认同的价值

在数字世界消费数字世界原生的数字产品，这是传统的经济学家没有遇到的现象。在现实世界中已经建立的经济概念和认知会在元宇宙中面临颠覆。

在马克思的思想体系中，商品的价值是一种凝结在商品中的无差别的人类劳动。以劳动创造价值为基础，进一步推导出剩余价值的理论，揭示出资本方总是倾向于追求剩余价值，压榨工人的劳动。这是传统经济学的支柱，无论商品价格怎么变化，商品中无差别的一般性人类劳动，就是价格变化的核心。而在数字世界中的数字商品，与劳动没有线性的比例关系。数字世界中的数字商品和奢侈品反而有点像。就实际功能来说，一个名牌包和其他品牌的包并没有本质区别，但是名牌包却比普通包要贵上数倍，甚至数十倍。之所以名牌包这么贵，是因为其中包含了"认同的价值"。名牌包并不只有储物功能，它还代表了一种生活的阶层，一种生活的状态，这些已经远远超出其本身实际的功能，给消费者带来精神层面的满足。这种类型的产品，往往是不遵循劳动决定价值的理论的。在现实世界中，艺术品当中往往有很多这样的例子。一个知名艺术家的作品所花费的劳动时间并不会比一个普通艺术作品所花费的时间长，但是价格却是天壤之别。

从总体情况来看，在现实世界中，像艺术品这种违反劳动创造价值理论的商品仅仅占社会总商品的极小一部分，劳动创造价值总体上是成立的，但是在元宇宙中，所有的商品你都可以认为具有艺术品的特质。

元宇宙经济的四个要素

另外，在现实世界中，产品生产的时候会包含原材料成本、生产线设备的使用成本、人工成本、仓储成本等。这些成本会随着产量的提高而降低。而在产品交易过程中，还有维护市场的运营成本以及运输产品的物流成本。物理世界中，关于交易成本的一个基本观点是，交易成本越低，市场就会越繁荣。但是对于元宇宙的数字商品来说，这些成本基本为零，没有原材料，所有的原材料就是二进制的0、1信号，生产成本几乎没有，可能就是一点电费，没有仓储，没有物流。产品可以随时生产，也可以随时停止生产。产品一旦创造出来，就永久有效、不会磨损、不会折旧。而市场的繁荣取决于大家的认可度。所以元宇宙经济可能是一个与传统经济完全不同的体系，这个体系中，包含了四个要素。

第一，数字创造。元宇宙经济同样存在供需两端，需求端需要满足玩家的体验和精神层面的需求，精神需求是多层次、多维度的，是丰富多彩的，这就需要能够自由地创造，需要供应端能提供多种多样的数字产品。数字创造和数字消费足够多，元宇宙才能够繁荣起来。前面提到了，数字创造是元宇宙经济的开端，没有创造，就没有可供交易的商品。我们在元宇宙中可以创建楼房、城市、交通工具、装饰等，在短视频平台中，可以发布拍摄和制作的短视频，这些数字创造的过程都是客观存在的，是元宇宙经济的第一要素。元宇宙是否繁荣，第一个重要的指标就是供应端的数量和活跃度。而元宇宙的"缔造者"，需要提供简单易用、上手快捷的创作工具，以降级创造的门槛。

第二，数字资产。资产包含了产权的属性，只有有了产权，才会有交易，产权是交易的前提。《王者荣耀》中的"皮肤"，其产权是属于腾讯公司的，如果想得到，就需要付费给腾讯。玩家购买的"皮肤"属于个人的"物品"，不可以再次销售，不过拥有这个"皮肤"的账号可以转让，因此，"皮肤"这个数字产品依托于"账号"这个数字产品就具有了资产属性。在这种情况下，虽然"皮肤"是在游戏中创造的，也是在游戏中购买的，但这个数字产品不能脱离游戏平台而存在，这就表示这个数字产品没有通用性，不属于严格意义上的数字资产。

在Roblox平台中，玩家可以自己开发游戏，在游戏中创造各式各样的数字产品,这些数字产品能够在Roblox平台中跨游戏使用,这是相当大的一个突破。不过如果想把Roblox平台上的数字产品拿到其他游戏中,目前还没有打通,这就限制了数字资产的流通,因此这也不属于严格意义上的数字资产。数字资产的形成,还需要一个更底层的平台,在资产层面提供严格的版权保护和跨平台的流通机制。

如果进一步讨论数字产品的生产方式,又可以分为专业原创内容(Professionally Generated Content,PGC)和用户原创内容(User Generated Content,UGC)。对于PGC,我们依然可以用游戏中的"皮肤"来举例,游戏中的皮肤是游戏平台为了获取收益而设计的一种机制,平台对这些数字产品具有决定权,买家无法通过拥有更多数量的产品而打乱游戏开发者所建立的市场。也就是说,PGC的价值是由平台来"设定"的。对于UGC,这些内容是用户创造的资产,元宇宙中UGC是主流方向。理论上,这些资产也可以进入市场进行交易流通,这时就会出现一个问题:一旦这些资产被其他用户复制(因为都是数字化的),那么对应数字资产的价值就会陷入不稳定的状态。这种情况下,就需要创建一个针对UGC的确权机制,把大家的数字资产变成一个受保护的资产。在现实世界中,确权的方式一般是登记,比如房屋或车辆的所有权就是通过对应的证件确定。不过需要注意的是,这些证件往往有一定的权威性,它们都是由大众普遍信任的、权威的、公正的机构进行确权,这样才能避免确权发生混乱的局面。很多情况下,这种机构都隶属于国家政府。但是在元宇宙的数字世界中,没有中心的概念,元宇宙是一个开放的、公开的、完全自治的世界。在这样的世界中,人们对数字资产的确权是和具有分布式去中心化特点的区块链密切相关的。通过区块链,可以把数据资产化,能够帮助元宇宙的参与者完成对数字产品的确权,建立数字资产。

第三，数字市场。数字创造和数字资产，是数字市场交易的前提，数字资产是数字市场进行交换的内容，如果资产不存在，市场也就不存在了。数字市场是整个数字经济的核心，也是元宇宙得以繁荣的基础设施。有了数字市场，元宇宙的参与者就有了收益的可能，这才是元宇宙成长的根本。前面我们说过，元宇宙的经济是指创造、交换、消费等过程都在数字世界完成的经济活动。目前完全在元宇宙中完成创造、交换和消费的过程还不存在。不过Roblox已经做了一些突破，这方面我们会结合之后的第四点数字货币来介绍。

第四，数字货币。银行一般被认为是现代社会的标志，是资本主义社会区别于封建社会的要素，是人类社会进入工业时代以来，经营理念、技术进步、社会制度全面变革的产物。在工业时代，人类社会完成了实物货币（黄金、白银等贵金属货币）向法币的转换。目前我们处于工业时代向数字时代过渡的历史进程中，必须完成法币向数字货币的转换。元宇宙经济，就是全面应用数字货币的试验田。元宇宙中全面使用数字货币的主要原因是法币体系成本高昂，已经无法满足虚拟世界中经济发展的需求。在《王者荣耀》当中，大家可以获得"点券"，点券可以用来购买各种"皮肤""道具"；在Roblox中，充值可以获得Robux。这些游戏中的代币五花八门，那么为什么不能直接用"人民币"或"美元"作为数字世界中的货币呢？在物理世界中，可以把交易分为现金交易和非现金交易，而每一笔交易，只要不是现金交易，就一定有银行参与其中，否则交易无法完成。而现金交易中的每一张钱、每一个钢镚都是银行发行的。因此，以银行为核心的金融体系是现代化社会的重要标志。现金交易可以理解为一手交钱、一手交货，每次都需要我们先将钱从银行取出来（或者是攒钱），然后运到（或带到）某一个地方,交给对方,而对方在收到现金之后,可能还需要再存到银行,这个效率是非常低的。相对而言,非现金交易实际没有货币的转移,只是账目记录发生了变化,如果交易双方都在一个银行开户,那么交易的过程只是银行从买方账户记录一笔支出,从卖方账户记录一笔收入,"钱"(账户金额对应的货币)还是在银行,这种效率就提高了不少。但如果交易双方不是在同一个银行开户,那么这个过程就会比较复杂,涉及两个银行之间的结算。至于跨国交易那就更加复杂了,跨国结算每笔大约需要万分之一的费用,而且通常还要几天才能到账。这对于虚拟的数字网络世界来说就有点慢了。

目前,大多数游戏都支持法币充值,但几乎没有平台支持游戏币换成法币。一旦游戏币和法币双向兑换,那么事实上就形成了两个独立的经济体,两个经济体之间,可以以一种比例(汇率)建立货币之间的关系。Roblox开放了其货币Robux与美元之间的双向兑换,这无疑是一个很大的突破,不过法币的发行是一套非常复杂的模型,要综合考虑经济发展、国际贸易、大宗原料价格、居民消费水平等一系列因素。但虚拟世界中的"游戏币"并没有成熟的规定和管理办法。那么这种兑换谁来负责?谁来制定"汇率"?如果元宇宙平台关闭了又怎么办?因此数字货币本身并不仅仅是一个技术问题,并不是开通互换就可以的,数字市场和数字货币是一个大的经济问题,甚至有可能是一个经济问题引起的政治问题。

在这里,我们可以定义:

数字货币总价值 = 币值 × 发行总量

其中,币值受到玩家数目、平均玩家数字劳动时间、玩家之间兑换行为的影响,这些变量也会影响发行总量。数字货币总价值在虚实融合的时代背景面前,同样需要辨伪去妄,虚拟GDP是数字经济活力的重要组成部分,但从人类命运共同体的角度出发,仍然需要维护常识和共同福祉的理性建设。

以上四点，数字创造、数字资产、数字市场、数字货币，支撑了整个元宇宙的经济体系。

文明形态

这个特征即Roblox提出的文明（Civility）特征。

文明，是人类历史积累下来的有利于认识和适应客观世界，符合人类精神追求，能被绝大多数人认可和接受的人文精神、发明创造的总和。文明是使人类脱离野蛮状态的所有社会行为和自然行为构成的集合，这些集合至少包括了以下要素：家族观念、工具、语言、文字、宗教信仰、法律观念、城市、乡村和国家等。

汉语"文明"一词，最早出自《易传》，曰"见龙在田，天下文明"。（《易传·乾文言》）。在现代汉语中，文明指一种社会进步状态，与"野蛮"一词相对立。文明与文化这两个词有含义相近的地方，也有不同。文化指一种存在方式，有文化意味着某种文明，但是没有文化并不意味"野蛮"。汉语的文明对行为和举止的要求更高，对知识与技术次之。

英文中的文明（Civilization）一词源于拉丁文"Civis"，意思是城市的居民，其本质含义为人民生活于城市和社会集团中的能力。引申后意为一种先进的社会和文化发展状态，以及到达这一状态的过程，其涉及的领域广泛，包括民族意识、技术水准、礼仪规范、宗教思想、风俗习惯以及科学知识的发展等。

在"元宇宙"这个虚拟的世界中，人与人的交流会产生新的模式与行为，由此也会产生新的文明形态，而且这种文明形态有可能还会影响物理世界的文明。清华大学新媒体研究中心发布的

《2020—2021元宇宙发展研究报告》认为，2020年是人类社会虚拟化的临界点，为2021年成为元宇宙元年做了铺垫。一方面新冠肺炎疫情加速了社会虚拟化，在疫情防控措施下，全社会上网时长大幅增长，"宅经济"快速发展；另一方面，线上生活由原先短时期的例外状态成为常态，由现实世界的补充变成了与现实世界的平行世界，人类现实生活开始大规模向虚拟世界迁移，人类成为现实与数字的"两栖物种"。在元宇宙中，我们需要重新思考存在与虚无、肉体与精神、自我与宇宙的哲学问题。2021年可以被称为元宇宙元年，其背后是相关要素的群聚效应（Critical Mass），这有点类似于1995年互联网所经历的群聚效应。

文明是人类所创造的物质财富和精神财富的总和，一般分为物质文明和精神文明。

物质文明是人类改造自然的物质成果，表现为人们物质生产的进步和物质生活的改善，是精神文明的物质基础。对于元宇宙中的文明形态来说，由于不存在自然环境（所有内容都是虚拟的），也不存在战乱、灾难、疾病（游戏体验中的不算），因此物质文明则更多指的是参与者创建的空间、星球、街道、房屋、设备、图像等具象的内容。

精神文明是人类在改造客观世界和主观世界的过程中所取得的精神成果的总和，是人类智慧、道德的进步状态。对于元宇宙中的文明形态来说，更多的是指文化展示、社交规则、艺术表现、教育内容、思想道德、理想、情操、觉悟、信念以及组织性、纪律性的状况。

元宇宙致力于创造一个自由自在的世界，从某种意义上来说，元宇宙是人们所思所想的外在表现。元宇宙秉持共创、共享、共治的形式，在生产力、生产关系、上层建筑方面，具有共产主义色彩。共创是一起做蛋糕，共享是一起分蛋糕，共治是一起确定做蛋糕和分蛋糕的规则。共创代表生产力，共享代表生产关系，共治代表上层建筑，这是元宇宙社会结构的根本。《2020—2021元宇宙发展研究报告》中指出，元宇宙仍是一个不断演变、不断发展的概念。元宇宙不是唯一的，很可能形成不同文明形态的元宇宙，也正是不同的文明形态，反映了现实世界中文明的复杂性和多样性。

第三章

元宇宙教育

了解了元宇宙的概念以及元宇宙的特征之后，大家一定觉得元宇宙必将会在很多方面影响我们的生活，而本书的主要内容是元宇宙可能对教育产生的影响。下面就来谈谈笔者认为与元宇宙教育相关的一些例子。

Minecraft

2020年因为新冠肺炎疫情的原因，你一定看到很多学校在Minecraft中举办毕业典礼的消息。这里笔者按照时间的顺序把这些内容梳理一下。

笔者看到的最早的一个消息是在2020年3月，一群日本小学生在Minecraft当中举行了一场"云"毕业典礼（图3.1）。这场毕业典礼关注度非常高，"现场"的截图在网上累计获得8万点赞，2.5万转发。视频播放量也已破万。

图3.1 在Minecraft中举行"云"毕业典礼的"现场"照

举行"云"毕业典礼的礼堂还是比较简约的,如图3.2所示。不过整个礼堂红毯、鲜花、彰显主题的背景墙,乃至舞台上的灯光设备,处处都是用心的细节。

图3.2 举行"云"毕业典礼的礼堂

毕业典礼的环节也是一样都不少,首先是业界名人、知名校友的特邀演讲,然后是校长为每一位同学颁发毕业证书,最后是大家一同登台合照(当然都是以虚拟形象进行合照)。

说到这里,可能很多人还不了解Minecraft。这是一款风靡全世界的独立沙盒游戏❶,中文名叫"我的世界"。该游戏以每一个玩家在三维空间中自由地创造和破坏不同种类的方块为主题(不同方块表示不同的材质或原料,比如有的方块表示土壤,有的方块表示

---

❶ 沙盒游戏(Sandbox Games)是由沙盘游戏演变而来的一种游戏类型,由一个或多个地图区域构成,往往包含多种游戏要素,包括角色扮演、动作、射击、驾驶等。能够改变或影响甚至创造世界是沙盒游戏的特点。创造是该类型游戏的核心玩法,利用游戏中提供的物件制造出玩家自己独创的东西。严格意义上来说,只有模拟类游戏才是纯粹的沙盒游戏,比如模拟城市,而文明类游戏则是沙盘游戏。但广义上来说,把玩家化身入游戏中以自身的力量改变世界的游戏也可以作为沙盒游戏。沙盒游戏大多无主线剧情,普遍以玩家生存为第一目标,探索和建设为第二目标,最后改变世界达成某项成就为最终目标。

石头,而且游戏中的玩家也是由方块元素组成的)。玩家在游戏中像积木一样来对方块元素进行组合与拼凑,轻而易举地就能制作出小木屋、城堡甚至城市。

　　Minecraft着重于让玩家去探索、交互。除了普通方块以外,环境功能还包括植物(种不同的种子能长出不同的植物)、生物(养牛能得到牛肉、牛皮或能挤牛奶,养羊能剪羊毛,养鸡能下蛋)与物品合成(木头能做成木板,木板能做成箱子),甚至还包括能够完成逻辑运算与远程控制的红石电路。图3.3就是Minecraft游戏中的场景。玩家在游戏中通常是第一视角,如图3.4所示。

图3.3　Minecraft当中的场景

图3.4　玩家在Minecraft当中默认的视角

图3.4中，玩家处在一个空旷平坦的草地上，右手拿着一把剑，前方有一个橙色方块，这是Minecraft当中最基础的方块大小。我们可以根据自己的意愿修建任何建筑（比如"云"毕业典礼中的礼堂）。

正是由于Minecraft的开放性和自由性，日本的这些小学生才决定在这里举行"云"毕业典礼。随后，在5月16日周六下午两点，美国加州大学伯克利分校也在Minecraft当中举办了2020年的毕业典礼。

不过相比于日本小学生的毕业典礼，加州大学伯克利分校的毕业典礼却是在一个还原度很高的虚拟场景中进行的，这个虚拟的场景叫作"BLOCKELEY"❶，是由100多个学生、校友在Minecraft中依照校园实际场景共同搭建的。为了增加大家的熟悉感，这个团队在六周的时间里重建了100多栋建筑物，包括一些大家熟悉的小商店，甚至校园里的条幅都还原了。图3.5是虚拟场景中的伯克利分校的校门。

图3.5　虚拟场景中的伯克利分校的校门

---

❶ 将Berkeley（伯克利）前面的berk变成了有方块、积木含义的block，可以理解为"方块积木的伯克利"。

其实一开始，只有几个加州大学伯克利分校的校友在建造"BLOCKELEY"，他们最开始的目标只是修建伯克利的主会场，不过随着之后参与人数的增多，团队的目标变成了完成整个校园。

典礼当天，加州大学伯克利分校的毕业生来到他们搭建的校园体育场中，如图3.6所示，共同参加了一次难忘的"云"毕业典礼，如图3.7所示。毕业典礼中，校长致辞、学位授予、抛礼帽等该有的环节一个都没少。

图3.6　虚拟场景中加州大学伯克利分校的体育场

图3.7　加州大学伯克利分校的"云"毕业典礼

2020年是加州大学伯克利分校建校150周年，这次虚拟毕业典礼的主持人是学校的行政副校长Mark Fisher，之后加州大学伯克利分校的校长Carol Crist进行了正式演讲。值得一提的是，Carol Crist和Mark Fisher在虚拟世界中的形象与本人都非常像，如图3.8和图3.9所示。

图3.8 加州大学伯克利分校校长Carol Crist，她是加州大学伯克利分校的第11任校长，也是建校以来的第一位女校长

图3.9 加州大学伯克利分校副校长 Mark Fisher

除了学校的建造，学生团队还完成了媒体报道、网站搭建、直播邀约、DJ邀约等一系列非常有组织力的动作。这里，一位名为Choi的校友贡献巨大。作为伯克利电子乐社团的主席，他通过自己

的人脉联系到了职业DJ加入毕业典礼之后的音乐节（图3.10）。蝴蝶效应般地，最终吸引到了大量世界顶级的DJ，在毕业典礼结束之后，又举办了为期两天的音乐会，邀请了40多名音乐家到场演出。

图3.10　BLOCKELEY当中的音乐节

同一时期，美国宾夕法尼亚、斯坦福、波士顿等大学的学生也在Minecraft中创建了一个虚拟校园"Penncraft（宾大的世界）"，哥伦比亚大学傅氏基金工程和应用科学学院（The Fu Foundation School of Engineering and Applied Science）也在Minecraft中举办了"云"毕业典礼。

在我国，中国传媒大学动画与数字学院也在Minecraft中搭建了一个校园并于6月16举行了"云毕业典礼"，如图3.11所示。

图3.11　中国传媒大学动画与数字学院举行的"云毕业典礼"

这场毕业典礼在哔哩哔哩和微博上进行了直播，约有五万人次观看。直播的时候，最具仪式感的便是走红毯环节，每个毕业生穿着学士服跟随着主持人念到的名字缓缓走来，有的毕业生激动得直接在红毯上飞了起来，主持人还需要时不时地提醒同学们："不要在红毯上飞来飞去。"

中国传媒大学动画与数字学院的院长与书记也在这个虚拟的世界中实现了跨次元演讲。这场被网友评论为"以为是霍格沃茨的毕业典礼"还获得了"央视新闻"抖音账号及人民网的报道。在抖音话题#高校游戏里举办毕业典礼#中讨论度更是高达797万。

除了有直播的，还有没直播的。2020年6月25日，2020届中国人民大学附属中学云毕业典礼以延时摄影的方式记录了下来，见图3.12。

图3.12　中国人民大学附属中学2020届毕业典礼在"我的世界"Minecraft中进行

2020年6月29日19:30，浙江大学也在Minecraft中隆重举办了2020届毕业派对，如图3.13和图3.14所示。

图3.13　浙江大学在Minecraft中举办了2020届毕业派对

图3.14　虚拟世界中浙江大学的校门口

这场派对分为三个环节,第一个环节是云游校园,大家尽情探索,来到各处熟悉的校园建筑前"拍照"打卡。第二个环节是进入礼堂准备迎接"拨穗仪式"。最大的环节是第三个环节,也是这场派对的亮点——在黑夜模式下的一场"烟火秀"的表演,如图3.15所示。

图3.15 浙江大学2020"云"毕业派对上的"烟火秀"

这个毕业派对让我们看到了Minecraft中更多的可能性,除了演讲、聚会、音乐会之外,还可以创造"烟花"表演。

通过这些活动的介绍,我们能够看到,虽然大家身在四面八方,但通过一个虚拟的环境就能够将大家重新连接起来。虚拟的场景实际上打破了地域的限制,这种形式的连接与简单的语音或视频会议还不太一样,就像前面提到的刷抖音一样,简单的语音或视频会议沉浸感不强,即我们是明确知道现在所处的现实环境的,这样的话有可能别人在发言的时候,我们在忙着现实中自己的事情。这两年,因为新冠肺炎疫情的原因,孩子学校的家长会基本都改成了线上,这种情况下,每次开会家长实际上都是忙着自己手边的事,有一搭没一搭地听着老师的讲话。但是,如果是一个虚拟世界中的"典礼",那么大家还可以游览一下虚拟的环境,与其他的虚拟形象进行交互,甚至能"动手"体验某些项目,这种体验是完全不同的。

模拟装置

在虚拟的世界中，我们不是只能简单地和同学或朋友以一个更好的形式互动。实际上几年以前，我们就已经通过虚拟的世界来进行一些技能的学习了。

现在驾校培训会使用驾驶模拟系统，如图3.16所示。这个系统包含了方向盘、油门、刹车、离合、挡位，甚至安全带、手刹，能够模拟开车过程中所有的操作。在单机训练模式下，单台模拟设备屏幕中场景内部的其他车辆、自行车、行人等由系统根据交通规则及交通模型发出，模拟真实的超车、会车、跟车等情境。在被动驾驶模式下，系统根据已经配置好的被动驾驶文件播放视频以及操作语音提示，学员可以在没有教练指导的情况下按照操作语音提示学习正确的操作顺序。另外，这个系统还有网络互动模式，这种模式下，通过中央控制台可以最多连接45台模拟设备，实现联网训练，场景中可以看见其他模拟设备所代表的车辆，并看见其他"车辆"的转向灯、刹车灯以及听见其他车辆的喇叭声。通过模拟装置学习

图3.16　汽车驾驶模拟系统

驾驶技能时，还可以选择"白天""雪天""雾天""雨天"及"黑夜"，体会不同天气状况下的驾驶特点。

这种装置和大家在游戏厅玩的大型游戏机比较像，甚至感觉上还没有游戏机高级。不过模拟装置与游戏设备最大的不同，不是在硬件配置与硬件性能上，而是对应的展示内容不同。模拟装置主要是为了模拟实际的情况以及实际会遇到的一些特殊情况，希望使用者能够学会基本的操作技能、操作流程和步骤，甚至学会怎么处理出现的特殊情况。而游戏设备注重的是娱乐性，往往在内容上会更加酷炫，操作上会更加简化。比如开车的游戏设备，通常只有油门和刹车（可能还会有一个液氮加速按钮），而且在驾驶的过程中，也不需要考虑红绿灯以及堵车的情况，可以通过场景中的斜坡随意"飞行"一段距离。

虽然驾驶模拟系统比较简陋，但可以看成是最简单的VR设备。这种将人置于一个全封闭系统中的场景（当人坐在车里，其实可以认为车上的每个玻璃窗口都是一个"屏幕"），其实是能够模拟得非常真实的，甚至切换成另一个场景，比如《雪崩》当中的吴，虽然是在开车，但虚拟的场景却是在别墅里，只不过要不断地看车桌上的小电视。

除了这种技能的模拟设备，很多专业人员也会通过模拟装置进行学习，比如飞机驾驶员。

飞行驾驶模拟系统一般会设计成一个飞机驾驶舱的样式，如图3.17所示。在这个飞行驾驶模拟系统中，操作者需要学习飞机驾驶过程中的各种操作，知道先拨动哪个开关，再按下哪个按钮。然后前方的屏幕中就会模拟飞机飞行时的图像。飞行训练后，驾驶员即使有了实际的飞行里程，也需要定期到模拟装置中训练，这时的训练可能就更偏重特殊情况的处理了。

图3.17 飞行驾驶模拟系统

飞行驾驶模拟系统通过前方的显示以及座椅下的液压杆能够模拟各种飞行姿态，在其中能够体验到真实飞行的感觉以及实际飞行过程中几乎不会遇到的紧急情况，从而全面考查飞行员的应急能力以及驾驶水平。

这类模拟装置核心通常如图3.18所示。

图3.18 能模拟运动的装置

在图3.18中，我们能够看到参与者头上戴了一个装备，这是一个头戴式显示设备，这种设备将人对外界的视觉、听觉封闭起来，引导用户产生一种身在虚拟环境中的感觉。这种显示设备会在左右眼屏幕分别显示左右眼的图像，人眼获取这种带有差异的信息后在脑海中产生立体感。另外，这种显示设备通常会结合测量姿态的陀螺仪传感器，因此当我们转头的时候，头戴式显示设备中的图像也会相应地进行变化。这种带有传感器的显示设备是融合仿真技术与计算机图形学、人机接口技术、多媒体技术、传感技术、网络技术等多种技术的产品，是借助计算机及最新传感器技术创造的一种崭新的人机交互手段，是一个跨时代的产品。

目前，随着VR眼镜的使用，出现了更多的模拟装置供我们进行学习。图3.19是在虚拟世界中进行化学试验，图3.20是在虚拟世界中进行消防安全教育。

在这些场景中，我们可以用手"操作"显示器中的试管、量杯、酒精灯以及灭火器，了解不同场景或不同要求下应该采用怎样的步骤。

图3.19　在虚拟世界中进行化学试验

图3.20　在虚拟世界中进行消防安全教育

　　VR眼镜提供的是技术手段，其实就内容方面，现在也有很多在虚拟环境中的学习场景。由于Minecraft在全球范围内的巨大影响力，在2016年1月，微软收购了TeacherGaming公司旗下娱乐教育产品 MinecraftEdu，并以后者为基础创作了Minecraft教育版（图3.21）。Minecraft教育版中有很多专门的教育资源（图3.22）。

图3.21　Minecraft教育版

图3.22　Minecraft教育版中的教学课程

比如在Minecraft教育版中也可以了解一些化学知识，见图3.23。Minecraft是一个方块的世界，其实现实世界中的元素也是以方块的形式来展现的。这样其实更直观，我们可以在"元素构造器"中看到每种元素的原子构成，比如原子序数为8的氧原子（注意显微镜下面的方块，其左上角的8表示原子序列），其内部有8个质子（p）、8个中子（n）和8个电子（e），如图3.24所示（这里还会显示不同的电子层）。

图3.23　Minecraft教育版中的元素周期表

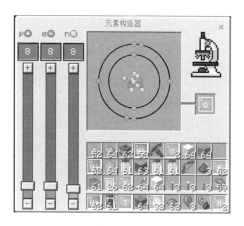

图3.24 氧原子的原子构成

还可以将这些元素合成某种物质，比如2个氢原子和1个氧原子合成水分子（还可以通过2个氢原子和2个氧原子合成双氧水分子），如图3.25所示。再比如用Na和Cl合成盐（NaCl），如图3.26所示。还可以合成复杂的有机化合物糖（$C_6H_{12}O_6$），如图3.27所示。注意这个糖是能够参与Minecraft本身的合成系统的，可以用来做蛋糕或者南瓜派。而在Minecraft当中，除了通过化学方法获取糖，还能够利用甘蔗"制"糖。

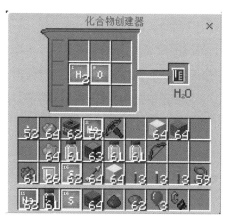

图3.25 在Minecraft中用2个氢原子和1个氧原子合成水分子

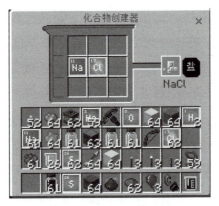

图3.26 在Minecraft中合成盐

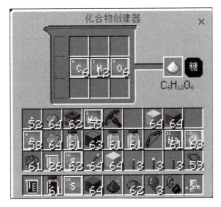

图3.27 在Minecraft中合成糖

结合之前VR眼镜部分进行的化学试验和Minecraft教育版中的化学内容,能够看出来,在虚拟世界中知识的展现形式是完全不一样的,我们可以充分发挥元宇宙中自由创造的特征,创造出一种更适合教学或自学的形式。

🔵 我的故宫世界

其实真正促成笔者编写这本书的原因是在Minecraft当中"建

造"故宫并编写图书《我的故宫世界》的整个过程。

北京故宫是一座城中之城，它的外围是皇城，而皇城的外围是京城（天安门不是北京故宫的城门，而是皇城的正南门）。北京故宫被誉为世界五大宫（法国凡尔赛宫、英国白金汉宫、美国白宫、俄罗斯克里姆林宫）之首，1961年被列为第一批全国重点文物保护单位，1987年被列为世界文化遗产。1402年明成祖朱棣攻下南京夺取皇位后开始计划在北京修建皇宫，从永乐四年（1406年）起开始筹备，到永乐十八年（1420年）建造完工。公元2020年是故宫建成第600年，这一年笔者编写的图书《我的故宫世界》出版。书的内容就是在Minecraft中用最基本的方块材质搭建北京故宫，同时在搭建的过程中穿插我国古建筑的知识。

故宫呈规则的方形，符合《周礼·考工记》中理想都城的形制。这也比较符合Minecraft中基本元素为方块的特点。"建造"故宫的准备工作很早就开始了，第一步当然是在Minecraft中完成搭建的工作，或者基本确定整个搭建过程是没有问题的，然后才能开始图书的编写。为此需要确定很多关于故宫的数据，所以笔者买了不少关于故宫的书，但这些图书基本讲历史文化的偏多，对于实际的"建造"工作贡献不大。

于是笔者又将任务分解了一下。所有数据的需求分成三部分：

第一部分，故宫的平面图数据；

第二部分，故宫中主要建筑的具体尺寸数据，主要指三大殿；

第三部分，故宫中绝大多数建筑的大小，即面阔、进深各为几间，注意这里"间"并非现今房间的概念，在我国古建筑当中，四根房柱所形成的空间称为一间。

因为在Minecraft中可以将一个方块的长宽高看成1米，所以所有这些数据的进度能在1米的范围内即可。

这三部分数据中,第二部分以及第三部分中的一些数据翻阅之前购买的图书都找到了,但第一部分的数据实在是找不到。这个事其实耽搁了不少时间,直到有一天笔者发现了百度地图的测距功能。

在电脑的百度地图中点击右上角的"工具箱",如图3.28所示。然后选择其中的"测距"功能,此时鼠标就会变成一个尺子的样子,在尺子左上角还有一个红色的小圆圈,将这个小圆圈移动到要测量距离的起点并单击鼠标左键,此时这个小圆圈就会固定在地图上,而当移动鼠标时,在这个小圆圈和鼠标之间就会有一条红线,同时在鼠标的右上角会显示出从小圆圈的位置到鼠标位置的距离。如果我们再次单击鼠标的话,相应的距离结果就会保留在地图上。我用这个功能测量了一下故宫外围护城河的尺寸,为1.1千米和889米,如图3.29所示。

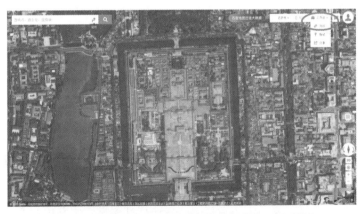

图3.28　在电脑的百度地图中点击右上角的"工具箱"

这个尺寸和所获得数据基本一致。

整座皇宫呈长方形,南北长961米,东西宽753米……故宫城墙外16米是护城河,护城河宽52米,深4米。

961 + 16 × 2 + 52 × 2 = 1097(米)

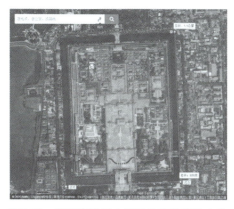

图3.29 在百度地图中测量北京故宫的大小

（皇宫的长 + 两个城墙到护城河的距离 + 两个护城河的宽度）
753 + 16 × 2 + 52 × 2 = 889（米）

（皇宫的宽 + 两个城墙到护城河的距离 + 两个护城河的宽度）

最终，使用测距功能就是那本书中获得平面尺寸的主要途径，包括之后三大殿距离午门的距离以及后三宫的平面尺寸等，如图3.30和图3.31所示。这种方式会有一定的误差，不过在Minecraft中这样的尺寸完全适用。

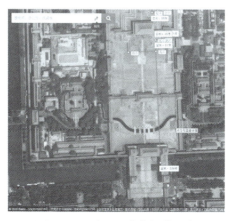

图3.30 三大殿距离午门的距离

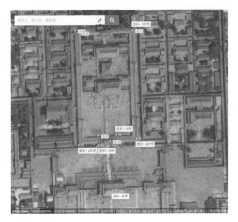

图3.31　后三宫的平面尺寸

现在这三个部分的数据都有一些眉目了，那就"开工"吧。"开工"之后才能知道会遇到什么问题。

前期建造工作还算顺利，唯一值得说一下的就是，第二部分的数据在Minecraft当中笔者将它们变成了最小单位为"m"的数据。比如太和殿的平面尺寸图，如图3.32所示。

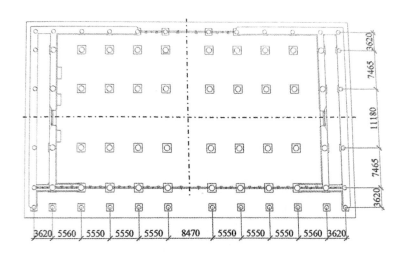

图3.32　太和殿平面尺寸图

图中的圆圈表示大殿的柱子。太和殿为木构架承重结构，大部分柱子露明，山面及后檐的柱子被包砌在墙体中。这个尺寸是以"mm"为单位的，东西向的尺寸简单的换算关系如下：

（1）尺寸3620对应三个方块的宽度，加上柱子的宽度则对应的尺寸为4米（两边各加半个柱子的宽度）。

（2）尺寸5550对应四个方块的宽度，加上柱子的宽度则对应的尺寸为5米。

（3）尺寸8470对应七个方块的宽度，加上柱子的宽度则对应的尺寸为8米。

这样算下来在Minecraft中"建造"的太和殿宽度就是：

3 + 4 + 4 + 4 + 4 + 7 + 4 + 4 + 4 + 4 + 3 + 12（柱子的数量）= 57（米）

比实际尺寸60.13米少了3米多。

同样的方式将进深的尺寸简单处理一下。

（1）尺寸3620对应三个方块的宽度，加上柱子的宽度则对应的尺寸为4米。

（2）尺寸7465对应六个方块的宽度，加上柱子的宽度则对应的尺寸为7米。

（3）尺寸11180对应九个方块的宽度，加上柱子的宽度则对应的尺寸为10米。

这样太和殿的进深就是：

3 + 6 + 9 + 6 + 3 + 6（柱子的数量）= 33（米）

这个与实际尺寸33.35米差不多。

Minecraft中"建造"的太和殿如图3.33所示。

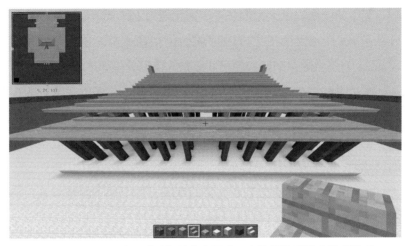

图3.33　Minecraft中"建造"的太和殿（只有柱子和重檐庑殿式的顶，重檐庑殿式是我国古建筑中规格最高的屋顶）

当主要建筑"建"完之后，整个工程马上就卡住了，因为很多配套建筑的数据没有，比如太和门广场东西廊庑面宽各是多少间，午门雁翅楼面宽是多少间，角楼三重飞翘的屋檐是什么样的。另外很多细节的内容也不清楚，比如各种楼梯和栏杆是什么走向的，登上午门（或其他三个门）的坡道是什么样的。笔者当时想是不是需要去故宫转一圈，带着实际的问题去拍些照片作为参考。然后猛然想起来，最开始查一些数据的时候，在故宫博物院的官方网站上，有一个非常好的功能——全景故宫（首页导航菜单中第二项导览子菜单下的最后一项，如图3.34所示），通过这个功能可以让我们在虚拟场景中以3D的形式游览故宫。

进入全景故宫之后，可以大致选择某个大的区域。这个全景故宫虽然是3D的形式，但不是浏览类型的，而是有很多固定的点，在这些点上可以任意旋转视角，甚至放大和缩小。因此每一个区域有很多可以选择的点，如图3.35所示。

第三章　元宇宙教育

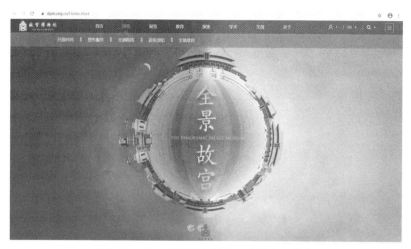

图3.34　故宫博物院官网首页中的全景故宫

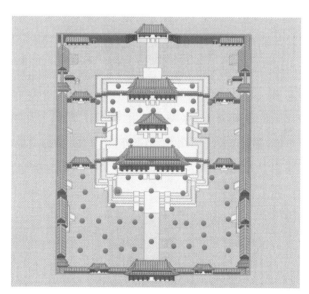

图3.35　在全景故宫中指定相应的观测点

假如我们来到太和殿的西南角（图3.35中被选中的大一些的圆点位置），则看到的内容如图3.36所示。

图3.36 在全景故宫中来到太和殿的西南角

这里除了能够看到对应的建筑之外,还可以看到太和殿前面的铜龟,点击图标还会弹出相应的文字介绍。另外还有一些链接到其他位置的文字,通过文字可以很方便地过渡到相邻的观看点位。

此外,在全景故宫当中,还有一个按钮非常好,这个按钮是屏幕左下方一排按钮的最后一个。点击这个按钮能够切换夏天的景色和冬天的雪景,如图3.37所示。最后,《我的故宫世界》当中很多的细节都是通过在"云"端浏览的方式确定的。点点鼠标确实是比用腿游览轻松多了,而且还可以24小时随时"游览"。

最终笔者足不出户地完成了《我的故宫世界》的编写。同时,也在Minecraft当中"建造"了一个故宫,当然也没有全"建"完,书中只是完成了故宫中轴线上午门、太和门、前三殿、后三宫、神武门的搭建,以及非常有特色的故宫角楼的搭建。因为其他的房屋"建造"起来也都是大同小异的,主要就是明确大小(面阔、进深各为几间)以及屋檐类型。通过前文描述能看出来,整个过程充分

图3.37 在全景故宫中太和殿西南角的雪景

利用了网络上的资源,而这种形式是之前无法想象的,如果没有百度地图,没有故宫博物院的全景故宫,笔者是无法方便地获取到这些内容的。

第四章

元宇宙教育的特征

上一章中的内容都算元宇宙对教育产生的影响，这些内容从某个角度展现了元宇宙教育可能的形态。这种形态不是简单地用几句话能概括出来的，因此参考总结元宇宙特征的形式，笔者归纳了元宇宙教育的几个特征。

交互性更强的知识网络

元宇宙是基于未来互联网的，那么其中的知识一定是网络化和体系化的。在网络中，互联网的多媒体、超文本技术使获取信息的方式由传统的线性方式（当阅读一本书的时候从头读到尾是选择最多的形式），转变为联想式的多向网络。在这个网络中，每一段知识的背后都是一个相互交织的庞大拓扑结构。比如我们在百度百科中搜索"雪崩"，百度就会对这个词的多种含义给出提示，它可能是：

（1）积雪山区自然灾害。

还有可能是：

（2）四川科学技术出版社出版的图书。

（3）正比计数器中电离过程。

（4）《斗罗大陆》人物。

（5）宝可梦的技能。

……

而如果选择"自然灾害"的话，除了会给出对应的解释（当山坡积雪内部的内聚力抗拒不了它所受到的重力拉引时，便向下滑动，引起大量雪体崩塌，人们把这种自然现象称作雪崩），还会对这段解释中的"内聚力""重力"等词语给出超文本链接。而且我们还可以观看视频的多媒体内容，多方面了解这个词语含义下的所有相关知识。

  这些知识是没有中间管理层次的，它们呈现出的是一种非中心的、离散式的管理结构。即我们在查看自然灾害"雪崩"的时候，它是基于这个含义形成的一个网络结构。而如果我们换成图书《雪崩》或者是我们点击了自然灾害"雪崩"中"内聚力"这个知识点，那么在浏览器端呈现的就是基于另一个词所形成的新的网络结构。

  这种网络化和体系化的知识在元宇宙中交互性会更强。如果你留意一下，在所有的元宇宙影视作品或图书当中，都会有一个类似于图书馆的地方，而这个地方就是这种体系化知识网络的具象表现。

  在《雪崩》中，这个图书馆是主人公创造的一个新空间，只要滑开办公室的一扇米纸隔墙即可进入，进入房间后，通常在这个具象的表现里都会有一个拟人化的"图书管理员"形象。

  这时，一个男子走进了办公室。

  这个图书管理邪灵[1]看上去很讨人喜欢，五十来岁，一头银发，留着胡须，湛蓝的眼睛目光明亮，工装衬衫的外面套着V字领的毛衣，还打着一条织工粗糙、像是粗花呢的羊毛领带。领带松松地拉开，两只衣袖也高高挽起。尽管他只是一个软件，但还是有理由兴高采烈：因为他能在数量近乎无限的图书馆信息堆里自由穿行，以蜘蛛般的敏捷灵动，在由无数交叉索引构成的巨大蛛网上轻盈起舞。图书管理员是中情公司唯一一款比"地球"还

---

[1] 《雪崩》当中将这种运行在元宇宙内为玩家服务，以人的形象展示的程序称为"邪灵"。

要昂贵的软件❶，他只有一件事做不到，那就是思考。

"您好，先生。"图书管理员问候道。他热情洋溢，但毫无令人生厌的饶舌之感，双手背在身后，稍稍踮起脚尖，身体微微前倾，期待般地把眉毛扬到双光眼镜的镜片上面。

"巴别是巴比伦的一座城市，对吗？"

"是一座传说中的城市。"图书管理员说，"'巴别'是《圣经》用语，指巴比伦。这个词源自闪米特语：'巴'的意思是'门'，而'别'的意思是'上帝'，所以'巴别'又有'上帝之门'的意思。不过'巴别'也可能是个象声词，模仿某种人们无法理解的语言。《圣经》里满是这种双关语。"

这些"图书管理员"能自如地回溯并处理层层分叉的话题，可以达到无限的深度，它们唯一做不到的就是思考（或者说推断），这就好像我们在使用浏览器的搜索工具，工具只会反馈它们检索到的，甚至可以根据热度给这些检索的结果排序，但不会思考为什么要检索这些内容。

在《头号玩家》中也有这样一个图书馆，电影中叫"Halliday Journals（哈利迪档案馆）"，其中也有图书管理员，他是这个档案馆的馆长，是一个有着机械四肢的家伙，如图4.1所示。

图4.1　《头号玩家》中的帕西法尔和档案馆馆长

---

❶ 这在《雪崩》当中是一款能在元宇宙中实时查看整个地球信息的3D软件，比如全球卫星云图、某个城市当前的交通状况等。

这个图书馆与《雪崩》中的图书馆略有不同，《雪崩》中的图书馆保存的是现实世界中的一些知识，玩家可以在图书管理员的协助下在这些知识当中多向地检索。但《头号玩家》中的图书馆保存的是绿洲这个游戏所有相关的知识，包括绿洲的打造者詹姆斯·哈利迪的个人相片和视频，所有内容都做成了3D立体影像（笔者感觉这是为了电影的展现效果）。另外，哈利迪还把他看过的所有电影、书籍、电视节目，以及玩过的所有游戏都存在了这个虚拟世界的图书馆中。电影中帕西法尔正是在这里找到了彩蛋比赛的线索。

想象一下，如果笔者是在一个理想化的元宇宙中"建造"故宫，那么这个场景可能是这样的。

我来到元宇宙中的一个图书馆，这时候出现一个人形图书管理员形象。这个管理员上前询问道：有什么可以帮您的？

我说："帮我查一下故宫的大小，以及护城河的宽度。"

"好的，根据图书馆中的资料显示，北京故宫呈长方形，南北长961m，东西宽753m……故宫城墙外16m是护城河，护城河宽52m，深4m。以上信息已经发送到你随身的'笔记本'工具。请问还有什么可以帮您的？"

我说："暂时没有了"。然后走出图书馆，来到一个传送机面前，输入了一个目的地址，传送机就将我（实际上是个人的虚拟形象）传送到了准备"建造"故宫的地方。

这里已经有了一台我为了"建造"故宫而添置的"挖掘机"和"3D打印机"，这些设备都可以通过语音交互。我来到"挖掘机"前面，先打开随身的"笔记本"工具，计算了一下整体的尺寸大小。

$961 + 16 \times 2 + 52 \times 2 = 1097$（米）

（皇宫的长 + 两个城墙到护城河的距离 + 两个护城河的宽度）

753 + 16 × 2 + 52 × 2 = 889（米）

（皇宫的宽 + 两个城墙到护城河的距离 + 两个护城河的宽度）

然后对"挖掘机"说：在1097×889的范围内挖一圈深为4、宽为52的沟，沟内注满水，标注这一圈沟的名称为"护城河"。

"挖掘机"前面的屏幕上显示出对应的数据参数，然后说道：请确认参数。

等待我说"确认"之后，"挖掘机"就去"干活"了。

接着我又回到图书馆，向图书管理员问道："帮我查一下故宫城墙的参数。"

图书管理员回复道："好的，根据图书馆中的资料显示，故宫城墙高10米，用澄浆砖砌成，上宽6.7米，下宽8.6米。以上信息已经发送到你随身的'笔记本'工具。请问还有什么可以帮您的？"

我说："暂时没有了"，又再次回到"工地"。这次我来到"3D打印机"前面对它说：和挖掘机同步一下数据，然后在"护城河"内的16米距离之外修一圈墙，墙高为10，宽为8，材质为石头，顶面为砖块，砖块先不铺，等我再确认一下砖块的样式。

"3D打印机"前面的屏幕上同样显示出对应的数据参数，然后说道：请确认参数。

等待我说"确认"之后，"3D打印机"就去"干活"了。

然后我又再次回到图书馆，向图书管理员问道："我想知道故宫城墙上的砖块都是怎么铺的。"

图书管理员回复道:"好的,这里有段游览故宫城墙的视频,您可以看一下,在视频播放过程中您可以随时暂停或继续,再或者后退和重新播放。"

"好的,请播放。"

……

这里你会发现,我们会反复来到图书馆,其实这就相当于我们在浏览器中打开一个个新的标签一样。这是网络对人造成的影响,就是随着科技以及网络的发展,我们的大脑更多存储的是信息的逻辑和相互关系,而具体的信息内容可能存储得比较少。比如这里就算完成了故宫的"建造",我也不会记得故宫南北长961m,东西宽753m,城墙外16m是护城河,护城河宽52m等,我只会记得只要打开搜索引擎就能够查询到相应的数据,而需要的时候我们可以再来查。再比如我们现在出门,只要不是天天去的地方,都会打开手机端的地图导航软件查询一下怎么走,我们只要按照软件的提示进行换乘或转向即可。网络已经成为我们思想或记忆的延伸,就像图4.2这样。

图4.2中带*号的内容都是连接到网络的部分,其实这部分也是最方便的。网络就是一个超级大的图书馆,只是我们身边没有那个交互更加友好的人形"图书管理员"。而在元宇宙当中,这个"角色"有可能存在,元宇宙让我们的大脑与网络的"连接"更便捷、更紧密。

第四章 元宇宙教育的特征

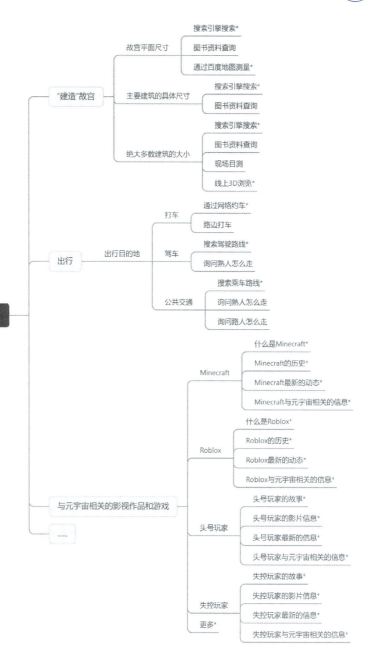

图4.2 网络是我们思想或记忆的延伸

多样的知识展现形式

由于元宇宙中创造的自由性，所以可以通过多种形式来进行知识的介绍与展示。就像之前看到化学知识一样，既可以偏重现实化学试验的形式，又可以偏重虚拟世界中元素组合的形式，当然我们知道Minecraft中的形式并不符合实际情况（现实世界中不可能那么轻易合成元素以及化合物），但对于化学知识来说，在Minecraft中也许还会更易学一些（尤其是针对所学的每个化学元素名称都很长的国外学生）。

2021年12月23日，笔者在北京的798艺术中心❶参加了邱志杰老师❷的版画展《无序之序》（图4.3）。

图4.3 《无序之序》版画展

❶ 798艺术中心位于北京市朝阳区酒仙桥路2号，为北京的文化创意产业集聚区。
❷ 邱志杰，艺术家与策展人，1969年生于福建漳州。1992年毕业于浙江美术学院版画系，开始介入当代艺术活动。现为中国美术学院跨媒体艺术学院教授、总体艺术工作室主任，硕士生、博士生导师，中国美术学院艺术与社会思想研究所导师，中国美术家协会理事，中国艺术研究院当代艺术院特邀艺术家，中国美术家协会实验艺术委员会委员。居住在杭州和北京。

这一天北京降温，特别冷，不过这个展览却让笔者非常兴奋。邱志杰老师的版画作品尝试用图像来展示一种思维的拓扑结构，就好像你心中有一个个很长很长的故事，这个故事线条很多，多到你都不知道从何讲起，但邱老师通过一张静态的图就把整个故事展现了出来。

比如说其中的一幅作品《科技史地图》。科技历史这种内容，笔者一直感觉只能通过文字来展示，或者是图文的形式，但在图文形式中也是以"文"为主，"图"只是对应"文"的补充和说明，形式上还是文字叙事的形式。比如吴军老师的《浪潮之巅》《文明之光》。

笔者在参与中国电子学会全国青少年机器人技术等级标准制定的时候也是以科技的发展为主线。以第一次工业革命为起点，大致划分为机械时代、电子时代、信息时代和智能时代，每个时代都会有对应的知识图谱，每个时代也都有推动每个时代发展的技术架构。这也是一种叙事的形式在展现技术发展的历程。

但是，邱老师的《科技史地图》却是以一种图像的形式对科技历史进行了表现，这幅图结合了地理、历史、国画等众多的元素，给我们的冲击非常大（其他的版画作品也有同样的感觉，不过这种感觉没有这幅画表达得这么清楚）。

整幅画从左向右是一个科技发展的脉络，说它有地理的元素，是因为画的左侧是一片山地和丘陵，接着向右翻过一座连绵的群山之后，是一片开阔的平原，最后画面的右侧是海洋和岛屿，这种地形很像东亚中国整体的地形走势。

然后说历史和国画的元素。画面当中山峰表示历史中的科技发展，左侧的山地和丘陵表示当时科技发展的曲折，就像登山，上上下下，其中有两个较大的区域，一个是黑暗的中世纪，图像中用一大潭黑水表示，黑色表示水很深，有一座较大的山，表示的是我国古代的墨家，以说明墨家在我国古代自成一派的科学体系。其余还包括哥白尼的日心说，阿基米德的杠杆和浮力等。

在画面的中上位置有一座高峰，标的是牛顿。牛顿的万有引力和运动三大定律是整个近代物理学的重要支柱，是人类认识自然及历史的第一次大飞跃和理论的大综合，他开辟了一个新的时代，并对科学发展的进程以及人类生产生活和思维方式产生极其深刻的影响。牛顿经典力学的建立是科学形态上的重要变革，标志着近代理论自然科学的诞生，并成为其他各门自然科学的典范。

有意思的是牛顿这座高峰旁边有一个标注为莱布尼茨的稍矮一点的山峰，这两个山峰下方是一片连绵的群山，表示经典物理框架下推动社会进步的一些科学发展，包括蒸汽机、珍妮纺织机等。

现代科技的另一座高峰就是爱因斯坦，这座高峰在画面右侧靠中间位置的上方，山峰上还用小一点的字写着狭义相对论和广义相对论。爱因斯坦的相对论对于现代物理学的发展和现代人类思想的发展都有巨大的影响。相对论从逻辑思想上统一了经典物理学，使经典物理学成为一个完美的科学体系。狭义相对论在狭义相对性原理的基础上统一了牛顿力学和麦克斯韦电动力学两个体系，指出它们都服从狭义相对性原理，都是对洛伦兹变换协变的，牛顿力学只不过是物体在低速运动下很好的近似规律。

广义相对论是在广义协变的基础上，通过等效原理，建立了局域惯性与普遍参照系数之间的关系，得到了所有物理规律的广义协变形式，并建立了广义协变的引力理论，而牛顿引力理论只是它的一级近似。这就从根本上解决了以前物理学只限于惯性系的问题，从逻辑上得到了合理的安排。相对论严格地考察了时间、空间、物质和运动这些物理学的基本概念，给出了科学而系统的时空观和物质观，从而使物理学在逻辑上成为完美的科学体系。

狭义相对论给出了物体在高速运动下的运动规律，并提示了质量与能量相关，给出了质能关系式。这两项成果对低速运动的宏观物体并不明显，但在研究微观粒子时却显示了极端的重要性。质能关系式不仅为量子理论的建立和发展创造了必要的条件，而且为原子核物理学的发展和应用提供了根据。

牛顿和爱因斯坦是现代科技的两座高峰，这两座高峰的下方，整个画面的右下方是现代科技发展的一片开阔平原地带，在这片开阔地带一个微微隆起的区域，标注为人工智能。而代表蒸汽机的第一次

图4.4 《科技史地图》

工业革命到人工智能这个高地之间连接了一条铁路。当时吴俊杰老师说，这幅画就是中国电子学会全国青少年机器人技术等级标准的艺术家版本，我们俩还在画的前面手握手合了个影，见图4.4。

这个展览中的作品让我意识到知识其实是可以通过多种形式来展现的。历史也可以是平面的，文字也可以是立体的，而在元宇宙中具体的形式可能会更加多样化，比如按照《科技史地图》中的布局创造一个世界，具象的、穿越时间的世界，而玩家可以在时间的长河中来回穿梭。

在元宇宙中进行知识的介绍和展示应该跳出传统现实世界中固有形式的束缚，所有的内容应该可以更形象、更生动、更直观。我们还是通过Minecraft来举例。

在Minecraft中有一种特殊的材料——红石（Redstone）。红石

是开采红石矿（Redstone Ore）后所取得的红石粉末（Redstone Dust）的简称。红石最大的特点就是传递能量，这有点像现实世界中的导线传递电流，利用红石粉还能制作一些能够变化状态的方块（取决于是否有能量），比如活塞，有能量的时候会弹出一个面板，没有能量的时候面板会收缩回去；又比如红石灯，有能量的时候会发光，没有能量的时候就不发光；再比如拉杆，拉杆是玩家可以交互操作控制是否输出能量的物品。如果结合红石粉和这些能够变化状态的方块，那么就能制作出一些机关装置。比如做个可控的"台灯"，晚上需要光的时候，就拨动拉杆"点亮"红石灯，如图4.5所示；而不需要光的时候，可以再次拨动拉杆"熄灭"红石灯，如图4.6所示。

图4.5　点亮红石灯

图4.6　熄灭红石灯

在所有能变化状态的方块中，还有一个非常特别的物品——红石火把。它的状态是有能量就会不输出能量，如图4.7所示，而没有能量就会输出能量，如图4.8所示。这种状态很像电子电路中的非门。

图4.7　当有能量时红石火把就不输出能量，状态为火把熄灭

图4.8　当没有能量时红石火把就输出能量，状态为火把点亮

除了能实现非门，利用红石相关的物品还能实现或门和与门，而基于基本的与或非逻辑门逻辑上就能实现非常复杂的逻辑系统，比如锁存器、计数器、译码器，甚至是计算机系统。这就是计算机系统的知识在Minecraft中以一种新的红石材质为基础的形式进行重新的展示，这种形式会更容易理解。这种知识笔者称为"红石电子学"，之前还专门写了一本书《红石电子学》介绍相应的内容（图

4.9)。

图4.9 《红石电子学》的封面

假设实现一个数码管显示在Minecraft当中,如图4.10所示。这个数码管由13个红石灯组成,通过红石电路能够控制显示不同的数字。逻辑电路这些知识是很容易迁移的,比如在刘慈欣的《三体》中描述过一种由单个人来实现的计算机——人列计算机。

图4.10 在Minecraft当中实现一个数码管

……

冯·诺伊曼瞪大眼睛看着汪淼,似乎很不理解他的问题,"用什么?当然是用人了!这世界上除了人之外难道真的还有什么东西会计算吗?"

"可您说过,全世界的数学家都不够用。"

"我们不会用数学家的,我们用普通人,普通劳动力,但需要的数量巨大,最少要三千万人!这是数学的人海战术。"

"普通人?三千万?!"汪淼惊奇万分,"我要是没理解错,这是一个百分之九十的人都是文盲的时代,您要找三千万个懂微积分的?"

"这样庞大的军队,难以想象。"汪淼摇摇头说。

"所以我们来找秦始皇。"牛顿指指金字塔说。

"现在这里还是他在统治吗?"汪淼四下打量了一下问,看到守卫金字塔入口的士兵确实穿着秦代简洁的软甲兵服,拿着长戟。对《三体》中历史的错乱,汪淼已经见多不怪了。

"整个世界都要由他统治了,他拥有一支三千多万人的大军,准备去征服欧洲。好了,让我们去见他吧。"冯·诺伊曼一手指着金字塔入口说,然后又指着牛顿说,"把剑扔了!"

牛顿"当啷"一声扔下剑,三人走进入口,走到门廊尽头就要进入大殿时,一名卫士坚持让他们都脱光衣服,牛顿抗议说我们是著名学者,没有暗器!双方僵持之时,大殿内传来一声低沉的男音:"是发现三定律的西洋人吗?让他们进来。"走进大殿,三人看到秦王嬴政正在殿中踱着步,长衣的后摆和那柄著名的长剑都拖在地上。他转身看着三位学者,汪淼立刻发现,那是纣王和格里高利教皇的眼睛。

"你们的来意我知道了,你们是西洋人,干吗不去找凯撒？他的帝国疆域广大，应该能凑齐三千万大军吧。"

"可是尊敬的皇帝，您知道那是一支什么样的军队吗？您知道那个帝国现在是什么样子吗？在宏伟的罗马城内，穿过城市的河流都被严重污染，你知道是什么所致吗？"

"军工企业？"

"不不，伟大的皇帝，是罗马人暴饮暴食后的呕吐物！那些贵族赴宴时餐桌下放着担架，吃得走不动时就让仆人抬回去。整个帝国陷入荒淫无度的泥潭中不可自拔，就是组成了三千万大军，也不可能具备进行这种伟大计算的素质和体力。"

"这朕知道，"秦始皇说，"但你们让我集结三千万大军，至少要首先向朕演示一下这种计算如何进行吧。"

"陛下，请给我三名士兵，我将为您演示。"冯·诺伊曼兴奋起来。

"三名？只要三名吗？朕可以轻易给你三千名。"秦始皇用不信任的目光扫视着冯·诺伊曼。

秦始皇挥手召来了三名士兵，他们都很年轻，与秦国的其他士兵一样，一举一动像听从命令的机器。

"我不知道你们的名字，"冯·诺伊曼拍拍前两名士兵的肩，"你们两个负责信号输入，就叫'入1''入2'吧。"他又指指最后一名士兵，"你，负责信号输出，就叫'出'吧，"他伸手拨动三名士兵。

"这样，站成一个三角形，出是顶端，入1和入2是底边。"

"哼，你让他们成楔形攻击队形不就行了？"秦始皇轻蔑地看着冯·诺伊曼。牛顿不知从什么地方掏出六面小旗，三白三黑，冯·诺伊曼接过来分给三名士兵，每人一白一黑，说：

"白色代表0，黑色代表1。好，现在听我说，出，你转身看着入1和入2，如果他们都举黑旗，你就举黑旗，其他的情况你都举白旗，这种情况有三种：入1白，入2黑；入1黑，入2白；入1、入2都是白。"

"我觉得你应该换种颜色，白旗代表投降。"秦始皇说。

兴奋中的冯·诺伊曼没有理睬皇帝，对三名士兵大声命令："现在开始运行！入1入2，你们每人随意举旗，好，举！好，再举！举！"

入1和入2同时举了三次旗，第一次是黑黑，第二次是白黑，第三次是黑白。出都进行了正确反应，分别举起了一次黑和两次白。

"很好，运行正确，陛下，您的士兵很聪明！"

"这事儿傻瓜都会，你能告诉朕，他们在干什么吗？"秦始皇一脸困惑地问。

"这三个人组成了一个计算系统的部件，是门部件的一种，叫'与门'。"冯·诺伊曼说完停了一会儿，好让皇帝理解。

秦始皇面无表情地说："朕是够郁闷的，好，继续。"

冯·诺伊曼转向排成三角阵的三名士兵："我们构建下一个部件。你，出，只要看到入1和入2中有一个人举黑旗，你就举黑旗，这种情况有三种组合——黑黑、白黑、黑白，剩下的一种情况——白白，你就举白旗。明白了吗？好孩子，你真聪明，门部件的正确运行你是关键，好好干，皇帝会奖赏你的！下面开始运行：举！好，再举！再举！好极了，运行正常，陛下，这个门部件叫或门。"

然后，冯·诺伊曼又用三名士兵构建了与非门、或非门、异或门、同或门和三态门，最后只用两名士兵构建了最简单的非门，出总是举与入颜色相反的旗。

冯·诺伊曼对皇帝鞠躬说："现在，陛下，所有的门部件都已演示完毕，这很简单不是吗？任何三名士兵经过一小时的训练就可以掌握。"

"他们不需要学更多的东西了吗？"秦始皇问。

"不需要，我们组建一千万个这样的门部件，再将这些部件组合成一个系统，这个系统就能进行我们所需要的运算，解出那些预测太阳运行的微分方程。这个系统，我们把它叫作……嗯，叫作……"

"计算机。"汪淼说。

"啊——好！"冯·诺伊曼对汪淼竖起一根指头，"计算机，这个名字好，整个系统实际上就是一部庞大的机器，是有史以来最复杂的机器！陛下，我们把这台计算机命名为'秦一号'。"

……

这是以不同形式展现同样的知识的另一个例子，Minecraft确实在教育方面做了很多的尝试，在Minecraft教育版中借鉴了图书管理员的思路，增加了一个编程机器人Agent，如图4.11所示。

图4.11　Minecraft教育版中增加的编程机器人Agent

这个机器人是能够独立行动的，它就比较像之前在一个理想化的元宇宙中"建造"故宫时"添置"的智能机器设备，只不过这个设备不是通过语音交互，而是通过直接编写代码来控制。假设还是让Agent来挖"护城河"，那么机器人对应的伪代码可能是这样的：

设置d为0
循环4次
  移动到坐标（x, y, z-d）
  设置w为889
  设置h为1096

  向z负方向挖一个方块
  循环52次
    循环w次
      向x正方向挖一个方块
    循环h次
      向y正方向挖一个方块
    循环w次
      向x负方向挖一个方块
    循环h次
      向y负方向挖一个方块
    向x正方向移动一个方块
    向y正方向挖一个方块
    设置h为h－2
    设置w为w－2
  设置d为d＋1

这段伪代码中，d表示深度，w表示宽度，h表示长度。开始的时候循环4次是指深为4，由于是在一个三维空间中，所以坐标有三个数据。然后循环52次是要挖的沟宽52，每次都挖一个圈，所以这个圈每次就要小一圈。最后Agent就会实现预期的功能。

这样，实际在"建造"故宫的过程中又承载了编程的知识。

灵活的知识价值系统

在元宇宙中，每个人既是创造者，又是消费者。同样地，每个人既是知识的生产者，也是学习者。参与者不但可以自由创造各种"实实在在"的东西，也可以生产供其他参与者学习的内容。这些内容同样属于数字产品，相应地，也应该能够进行交易。

知识类型的数字产品既可以是文字内容，也可以是视频、图片，这些内容在虚拟世界中传递起来都非常方便，可能就是虚拟形象之间的短暂接触。另外还可能是元宇宙中的一场场景、一个空间，再或者是通过Agent机器人实现的一个动画。所有这些内容都可以以一定的价值让其他参与者"付费"学习或体验，当然如果非常愿意分享，也可以是无偿的。

当笔者在Minecraft中"建造"故宫的时候，特别感慨于故宫角楼的建筑形式，所以就特别希望能够分享出来，但如果是对着建好的角楼，就有很多内容介绍不到了，但如果是在元宇宙中，就可以通过搭建不同的"建造"阶段的角楼来详细阐述角楼建筑的精妙之处。

虽然角楼名字中有个"楼"，不过它实际上不算真正的楼。它从外面看有三重飞翘的屋檐，层层叠叠，共计28个翼角、16个窝角、28个窝角沟、10面山花、72条脊。但是，当进入角楼的内部时，室内干净利落，无一根落地的柱子，也没有楼层、楼梯，所以说它不算真正的楼。

角楼的基础是一个面阔进深各三间的"亭子"，因此对应柱子的形式如图4.12所示。然后四面明间各添加一个抱厦，对应立柱如图4.13所示。

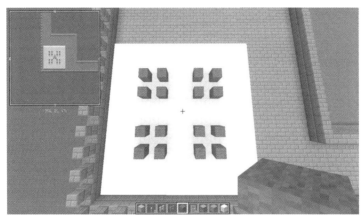

图4.12　标注出一个面阔进深各三间的"亭子"的柱子的位置

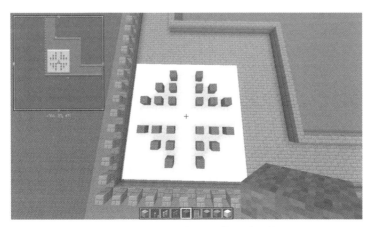

图4.13　在四面明间添加抱厦的立柱

角楼采用减柱造做法，省去了中间的四根柱子，扩大了室内空间的面积。去掉中间四根柱子后如图4.14所示。

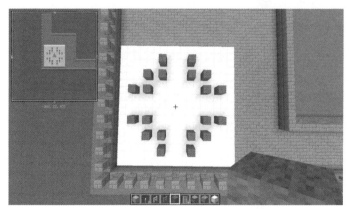

图4.14　去掉中间的四根柱子

角楼四面的抱厦进深是不一样的，靠墙内的两个面进深稍深一些。因此将这两侧的立柱向外移，如图4.15所示。这样就确定了交流立柱的位置，接下来把柱子立起来并加上横梁以及三重飞翘的屋檐，最后在Minecraft中完成的角楼如图4.16所示。

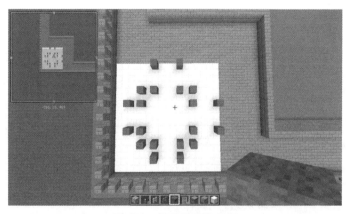

图4.15　扩建抱厦的空间

图4.16　在Minecraft中完成的角楼

在虚拟世界中，可以针对图4.12～图4.16分别搭建一个场景，然后逐次介绍就非常清晰。当然这只是确定角楼中柱子的过程，实际角楼三重飞翘的屋檐也很有展示的必要。

在元宇宙中，知识的价值系统应该是灵活的，除了"明码标价"之外，还可以是一种身份或资格，比如有的内容是无偿的，但要求是你必须学习过指定的基础内容才行。

吴俊杰老师在现实世界有一个普惠课程合伙人的微信群，加入这个群的条件就是开发编写并开放一门创客类的课程，你开放了，那就可以加入这个群并获取到其他老师开发的创客类课程，这个模式就是一种评价贡献值的价值体系。在元宇宙中可以设定只有某些身份的人才能进入到某个区域或空间，就像《雪崩》中的"黑日"。

这座楼宇既矮且宽，外形恰似被削去顶部的黑色金字塔，只有一道大门——既然超元域中的一切都出自虚构，所以没有条令规定必须建多少个紧急逃生出口。这里没有门卫，没有标志，没有任何设施阻止外人入内，然而却有数千个化身在门外徘徊，不时朝里面窥探，盼着能看到些什么。这些人全都无法通过那道门，因为他们没有受到邀请。

大门上方有一只黯淡无光的黑色半球体,直径约有一米,镶嵌在大楼正面的外墙上。它算是此地最近乎装饰物的东西。在半球下面,黑色墙体上刻着一串字母,那就是这座建筑的名字:黑日。

全世界只有几千人可以跨过那条分界线,走进黑日。

沉浸探究式的终身学习

Roblox的建立也是一个与教育相关的故事。1989年,David Baszucki和Erik Cassel编写了一个叫作"交互式物理学"的2D模拟物理实验室,这为他们之后创建Roblox奠定了技术基础。通过"交互式物理学",来自全球各地的学生可以观察两辆车是如何"相撞"的,还可以学习如何搭建房屋。这些学生的设计天马行空,千奇百怪,这真正激发了两人创建一个能够自由创造的虚拟世界的想法。

在虚拟世界中最大的优势就是能够有足够的空间和场地来进行多次沉浸式探究型的测试,而每次测试完之后,如果需要重新开始,只要重新找一块新的"地方",或者创建一个空间或世界即可。

这种沉浸式的学习体验能够让我们注意到知识当中的很多细节,让我们真正从"好像"知道变为"真的"知道。比如在确定编写《红石电子学》的时候,笔者只是确定知道Minecraft当中红石相关物品的特性,以及"好像"知道从晶体管到集成电路的一个发展过程和基本原理。但真的在Minecraft当中搭建译码器、存储器,甚至计算机系统,都还没有实践过。

其实笔者就是因为在Minecraft当中有广阔的"天地",才决定要尝试搭建一个计算机系统的。最开始,这个想法是用电阻、二极管、三极管等分立器件来搭建一个计算机系统。不过这个想法一直停留在脑子里,因为一旦开工就需要一个很大的桌面(或者一个较大的区域)来存放搭出来的电路,而且这个过程中可能会有些出错的地方,会不断地反反复复,会有很多中间环节的小的电路模块,这些环节不但会让工作的环境比较乱,而且会花费不少时间。但是在Minecraft当中就不一样了,首先不会让工作环境变乱,所有的内容都在计算机里,都是数字的、虚拟的,只要合上笔记本,一切就都从眼前消失了;其次这个过程中重复的建造过程是可以通过某种方式复制的,这样就省去了重复实现某个"电路"的时间。

整个过程帮笔者重新梳理了电子学甚至是计算机原理的一些知识。不过刚动手的时候就遇到了问题,一个在计算机原理的书中也常常讲得不太清楚的问题:锁存器和触发器的区别。这块内容花了不少时间,因为在计算机原理当中这个内容也是一页纸,但真正体会其中的区别,只有"实践"才能。这就像陆游说的"纸上得来终觉浅,绝知此事要躬行"。

锁存器和触发器是计数器以及存储器的根本,因为计算机的核心简单理解就是通过计数器逐次从存储器中获取二进制的信息(这些信息包含了程序和数据)。在Minecraft中进行计算机科学探究还有很多例子,比如在印度的Ashutosh Sathe虚拟世界中搭建神经网络[1],如图4.17所示。

图4.17 在Minecraft中搭建神经网络

---

❶ 一种模仿动物神经网络行为特征,进行分布式并行信息处理的数学模型算法。

微软还基于Minecraft发布了一个人工智能测试平台Malmo，并推出了一个Malmo协作AI挑战赛（MCAC），这是多智能体协作领域的一项重要比赛，鼓励研究者更多地研究协作AI，解决各种不同环境下的问题。

2017MCAC的挑战问题是，如何在Minecraft中让两个智能体合作，抓住一只小猪，如图4.18所示。

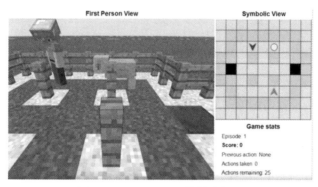

图4.18　2017 MCAC的挑战问题

挑战赛的虚拟环境有三个区域，左侧为第一人称视角，右侧为对应的符号化的上帝视角以及信息显示区。区域为9×9大小，绿色格子代表可以走动的草地，橙色格子是不能穿过的围栏或者柱子，两个黑色的格子是出口；粉色的圈是小猪；蓝色、红色箭头就是要交替行动、合作抓住这只小猪的智能体；蓝色智能体是比赛提供的，参赛选手要设计红色智能体的策略，跟蓝色智能体配合抓住小猪。智能体的行为有三种，左转、右转以及前进。

另外笔者在Minecraft中"建造"故宫的时候，通过"实践"知道了为什么古代房屋中的这些柱子这样分布，知道什么是减柱造做法，知道古代房屋"墙倒屋不倒"的原因，也知道北京城是皇城套着故宫，而京城套着皇城。

在虚拟环境中我们还能够调整时间的快慢，这也会让学习更有成效。比如笔者一直都希望能够自己来观察一下星空，确定一下二十八星宿。相比于西方的八十八个星座，我国将星空分为三垣二十八星宿。三垣是指环绕北极天空所分成的三个区域，分别是紫微垣、太微垣和天市垣，而在环黄道和天球赤道近旁一周分为二十八宿。这个"宿"又是怎么来的呢？由于月亮围绕地球自转一周约为28日，于是古人将月亮每天经过的区域看成一个整体，最后月亮落下的位置称为"宿"或"舍"，即月亮休息的地方，"星宿"就表示由星星标识的月亮休息的地方。

古代观测二十八宿出没的方法常见的有四种：第一是在黄昏日落后的夜幕初降之时，观测东方地平线上升起的星宿，称为"昏见"；第二是此时观测南中天上的星宿，称为"昏中"；第三是在黎明前夜幕将落之时，观测东方地平线上升起的星宿，称为"晨见"或"朝觌"；第四是在此时观测南中天上的星宿，称为"旦中"。

这四种观测方式有什么差别呢？如果实际观测的话，先不说时间可能至少要28天，或者更久，就是目前城市里的光污染，都会让观测这件事很不现实。而且还要考虑自己是不是能够正确地进行操作及观测。但如果借助于虚拟世界，这件事可能就会简单一些。

有一款名为Stellarium的星空软件，这个软件能够以3D方式极为逼真地展示星空。该软件支持Linux、Mac OS、Windows操作系统。默认包含超过60万颗恒星、8万深空天体。

这款软件除了能够显示星星的名称并将星座显示为一个星座图像（例如天蝎座显示的就是一只蝎子）之外，其强大功能还在于能够：

·关闭地平线，即将地球隐藏起来，这样就能看到整个天球的星星；

·标注方位，这能帮助我们尽快定位星宿；

·关闭光源，这个功能就是让太阳隐藏起来，这样白天也能看到对应位置的星星；

·设定时间，设定观测的具体时间，同时在观测时可以"提速"，或者通过进度条来移动时间；

·卫星，能够显示人造卫星。

软件界面如图4.19所示。

图4.19　Stellarium软件界面

我们可以想象，通过这个软件，可能一天就能完成观测二十八星宿的整个工作，而这个任务放在古代可能至少要几十年才能完成。

人的知识就好比是一个圆圈，圆圈里面是已知的，圆圈外面是未知的。当在虚拟环境中沉浸探究式学习，加快以及深入学习知识，知道越多，圆圈也就会变得越大，但同时也会发现，不知道的也就越来越多。这样就会让我们开始进一步的学习之旅。所以说元宇宙中的这种沉浸探究式学习是终身的，而且你可以将所有的学习、探究的过程都保留下来。

网络带来了信息爆炸形式形成的信息数据的洪流。我们不应该在其中随波逐流，在这样的时代，我们应该学会如何对信息进行筛选，这一点其实也是需要学习的。要结合信息技术的发展，利用好交互性更强的知识网络，认识到同样的知识在不同场景中的应用，同时也要注重知识内容版权的保护，善于学习，喜欢探究，并成为一名终身学习者。

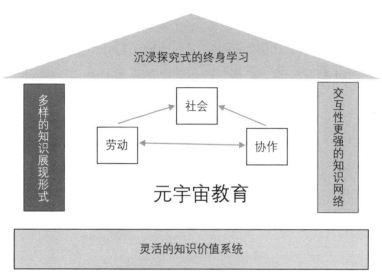

图4.20　元宇宙教育的特征

元宇宙教育的特征可以认为是在元宇宙的特征之上又包含了多个特征，对应的关系如图4.20所示。图中灵活的知识价值系统从经济系统中衍生出来，这是元宇宙教育的根基，只有认可了知识内容是一种数字产品，尊重他人通过劳动创造的数字产品，才能保证整个元宇宙教育真正健康发展。沉浸探究式的终身学习是最终的形式，这就像元宇宙教育的顶，而由于元宇宙中自由创造的特性，会产生多样的知识展示形式以及交互性更强的知识网络，这两个特征就像两根柱子，支撑起了中间的元宇宙教育。

综上所述，我们认为元宇宙教育是一个在高度虚实融合的社会当中，数字化的劳动催生知识生产系统和劳动价值系统的变化，产生更为灵活的适应人的全面发展的社会劳动和生活的组织形式，继而促进教育技术和学科知识之间在虚实空间深度融合，发展出更多样的知识展现形式和交互性更强的知识网络，产生沉浸式的劳动—协作—社会一体化的终身教育形态。

上一章的内容是元宇宙对教育可能产生的影响，但实际上教育也在驱动着元宇宙的发展。最直观的就是信息技术教育促进元宇宙建设相关软硬件的进步，本章我们就来看看元宇宙涉及哪些技术。

元宇宙技术核心

元宇宙是一个理念和概念，它需要整合信息技术中不同的新技术，比如5G、人工智能、大数据等。可以说，元宇宙这个虚拟的世界需要构建在信息技术这个实实在在的软硬件相关内容的基础之上。其技术核心包括以下四个板块。

网络与算力

这个板块的主要作用是构建一个能够容纳足够多的人同时使用，数据足够多且一直运行的数字空间。为此，我们需要以巨大的计算能力和海量的数据存储空间为基础。如此庞大的算力和存储空间不可能由单一的公司提供。因此，元宇宙中这些设施必然是分布式的，需要全球的计算和存储资源协同完成，要在保持各自独立的前提下形成一个统一的整体。这也就是说，元宇宙不是一个单一的数字虚拟空间，它应该是多个数字虚拟空间构成的一个整体，而在这个整体中，可能会有数字虚拟空间消失，也会有新的数字虚拟空间出现。这个板块中除了包含基础的分布式服务器、存储器、路由器等硬件设备，还包含云计算、边缘计算、网络传输、分布式存储、大数据等核心的技术。

云计算是分布式计算的一种形式，指的是通过网络"云"将巨大的数据计算处理过程分解成无数个小程序，然后，通过多部服务器组成的系统进行处理和分析这些小程序得到结果并返回给用户。

云计算早期，就是简单的分布式计算，解决任务分发，并进行计算结果的合并。因此，云计算又称为网格计算。通过这种形式，可以在很短的时间内（几秒钟）完成对数以万计的数据的处理。较为简单的云计算技术已经普遍服务于现如今的移动互联网服务中，比如地图服务中的路线规划服务，当输入了起点、终点以及出行方式之后，移动设备端实际上是将这些信息发到云端进行处理，最后将结果反馈给移动设备端。通过这样的形式解决了移动设备计算性能不足的问题，同时也可以使不同的设备随时协作和同步，极大地优化了移动互联网的使用体验。

元宇宙时代，数据量会更多，数据的更新会更加频繁，这将导致移动互联网时代的这种以云计算为核心、终端设备协同的集中式架构无法满足需求，同时还可能伴随网络传输速度、数据安全以及终端设备性能等一系列问题。因此，包含了边缘计算的分布式架构将逐渐成为主流。

边缘计算，是指在靠近物或数据源头的一侧，采用网络、计算、存储、应用核心能力为一体的开放平台，就近提供最近端服务。其应用程序在边缘侧发起，产生更快的网络服务响应，满足行业在实时业务、应用智能、安全与隐私保护等方面的基本需求。边缘计算处于物理实体和工业连接之间，或处于物理实体的顶端。而云端计算，仍然可以访问边缘计算的历史数据。对物联网而言，边缘计算技术意味着许多控制将通过本地设备实现而无须交由云端，处理过程将在本地边缘计算层完成。这无疑将大大提升处理效率，减轻云端的负荷。由于更加靠近用户端，可为用户提供更快的响应。

云计算、边缘计算实际上都是为了解决算力的问题，这是这个板块的核心。数字世界的基础是算力，空间越大、内容越多，所需要的算力就越高。算力领域的创新和建设将是元宇宙时代的一大机遇。

随着数据的爆发，海量数据的存储也将是一个重要的问题，由于考虑到数据的安全和所有权的问题，元宇宙中的数据需要以分布式的方式进行存储。这种形式能够避免私人的数据被修改或直接删除，未来的数字世界肯定不会像《头号玩家》或《失控玩家》那样，所有的数据都是由一个公司掌握和控制。元宇宙的世界是无数人共同创造的，我们不能接受自己在元宇宙中的心血被某一个公司随意地篡改或删除。利用分布式存储体系，我们可以实现数据的永久保存、快速确权、可信共享、有序流转和隐私保护，可以从技术层面保障数据成为数字资产，让数据价值得以传递，实现数据价值最大化。

扩展现实技术（XR）

这个板块的主要作用是让大家能够"进入"元宇宙，并且能够在数字世界与现实世界之间自由"穿梭"。人类生活在一个三维空间，我们的视觉体验是三维的，不过一直以来，人类的思想和知识的载体，却是二维的。从甲骨文、楔形文字、竹简、泥板、皮革、纸张，到现在的手机、电视、电影，这些都是二维的，电视和电影虽然是动态的，但它们变化的是时间，是二维信息的时间变化，不是空间变化。哪怕最新的3D电影，也让人感觉是在一个窗口中观看，如果观看者把头转到一边，就会看到旁边人的脑袋。

扩展现实技术可以提供沉浸式的三维视觉体验，其中除了包含VR、AR（Augmented Reality，增强现实）、动作捕捉、3D扫描等硬件设备外，还包括3D建模、3D渲染、空间定位算法、虚拟场景拟合等软件技术。

VR和AR等交互技术使得用户能以高度沉浸的形式接入元宇宙。VR是通过计算机来模拟产生一个可交互的3D场景，AR则是运用3D建模、姿态检测、实时定位、3D传感等多种技术手段，将数字世界的信息"叠加"到现实世界，从而让两个世界融合在一起。

北京时间2014年5月29日凌晨0:30，当谷歌在I/O开发者大会上推出史上最廉价的VR眼镜——Cardboard之后（图5.1），这种手机加外设的形式确实引发了一波VR热潮。

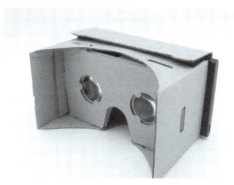

图5.1 谷歌在I/O开发者大会上推出的史上最廉价的VR眼镜——Cardboard

实际上，这个"眼镜"只是一个由纸板、双凸透镜、磁石、魔力贴、橡皮筋等部件组成的看起来非常简陋的玩具眼镜。凸透镜的前部留了一个放手机的空间，而半圆形的凹槽正好可以把脸和鼻子埋进去。不过这个眼镜加上智能手机就可以组成一个虚拟现实（VR）设备。

2015—2016年，出现了很多VR相关的创业企业。不过，由于技术和生态等因素的限制，当时VR设备的内容形式比较单一，体验效果也不好，很多用户在尝试后就不再使用了。2017年热潮退去，不少VR企业在资金、人员方面出现严重短缺，都纷纷倒闭了。但是仍有一些有前瞻性的企业坚持了下来。到了2020年，VR行业出现拐点，出货量明显增加。特别是Facebook推出了Oculus Quest系列产品后，一体机和闭环生态带来的良好体验以及较高的性价比使得Oculus Quest 2（图5.2）销量超过预期。

图5.2　一体机形式VR眼镜Oculus Quest 2，带两个用于交互的手柄

Oculus Quest 2在2021年的总销量达到1040万台。另外，其他厂家也纷纷发力，2021年5月到8月，仅HTC、Pico、惠普就推出了5款VR产品，包括面向个人的消费级产品和针对企业用户的商用产品。目前，VR已经逐渐在安防、房地产、教育、医疗等领域普及。VR设备的普及也会带动内容产业的发展，出现了诸如《节奏光剑》（*Beat Sabar*）这种现象级的VR应用。

《节奏光剑》（图5.3）是一款音乐类打节拍游戏。游戏结合了创新的VR玩法。在游戏中玩家可以伴随着动感的音乐，使用模拟光剑切开飞驰而来的方块。2019年12月，《节奏光剑》获得TGA 2019颁奖典礼最佳VR/AR游戏奖。图5.4为笔者体验《节奏光剑》。

图5.3 《节奏光剑》

图5.4 笔者在编书之余去体验了一下
《节奏光剑》

VR领域发展的同时，AR领域的技术也日新月异。AR能够将数字信息和元素叠加到现实世界中，这样我们就能既看到现实世界，又看到数字世界的信息，从而让两个世界融合在一起。苹果的蒂姆·库克在接受采访时表示："AR是虚拟世界与现实世界的叠加，这不仅不会发散人们对于物理世界的注意力，还会增强彼此间的关系与合作"。目前，AR应用主要依托于智能手机，如果在手机端打开对应的应用，那么通常在手机屏幕上就会显示摄像头和数字元素混合的画面。

除了基于智能手机实现AR应用，AR头显设备也在逐步普及，比如微软的HoloLens，如图5.5所示。AR头显与VR头显的区别是前者不是呈现一个完全不同的世界，而是将某些计算机生成的效果叠加于现实世界之上。用户仍然可以行走自如，随意与人交谈，全然不必担心撞到现实世界中的物体。

图5.5　微软的HoloLens

AR眼镜将会追踪你的移动和视线，进而生成适当的虚拟对象，通过光线投射到你的眼中。因为设备知道你的方位，你可以通过手势——目前通常只支持半空中抬起和放下手指点击——与虚拟3D对象交互。各种传感器可以追踪你在室内的移动，然后透过层叠的彩色镜片创建出可以从不同角度交互的对象。比如当我们要查看一个虚拟物品的另一面时，不是通过操作来旋转这个虚拟物体，而是在现实世界中走到另一侧。

眼镜通过摄像头对室内物体进行观察，因此设备可以得知桌子、椅子和其他对象的方位，然后可以在这些对象表面甚至里面投射3D图像。比如在Minecraft的游戏当中，可以通过在现实世界的咖啡桌上用手指点击来破坏方块，此时就会看到桌子表面立刻被破坏了。而从破坏处看下去，里面是充满熔岩的洞穴。如图5.6所示，2015年6月15日，微软在E3游戏展之前的新闻发布会上展示了增强现实版Minecraft。这个版本中Minecraft城堡和房屋会在咖啡桌和书架上展示，一名佩戴HoloLens的微软员工通过手势在游戏中进行操作。

图5.6　增强现实版Minecraft

通过AR眼镜，还能够让专家为现场人员提供远程帮助，专家将看到第一视角的信息，而对应的帮助信息将显示在现场人员的AR眼镜当中。

传统的人机交互，主要是通过键盘和触摸，包括并不能被精确识别的语音等。VR和AR眼镜的出现，则给新一代体验更好的人机交互指明道路。在人机交互之外，还有人与人和人与环境的交互。

虚拟现实能让远隔万里的人坐在你面前与你促膝长谈，也能让你游览从未去过也不可能去的地方，如撒哈拉沙漠、马里亚纳海沟、月球、火星等。不过VR、AR技术的大规模应用还存在一些现实的约束条件，那就是网络的速度。如何在这些沉浸式设备上实现高速、低延时的效果，将是发展元宇宙的关键，也是5G技术的重要挑战。

基于动作捕捉技术的体感装备也是未来在元宇宙中交互的重要工具。比如，通过数字交互手套和体感外套，使用者可以在数字虚拟的世界中获得真实的触觉体验。触觉技术公司HaptX推出了VR输入设备——触觉反馈手套HaptX Gloves。该设备所提供的触觉是基于真实的人机接触，每只手套由几百个微小气孔组成的皮肤材质制成，利用气体膨胀激发皮肤感知，可以让使用者手部与指尖感受到真实的触觉反应。手套的敏感度最高可以达到2个亚毫米。

从技术趋势上看，人类与计算机之间的交互方式，面临着一场变革。触屏的广泛应用，根本不能算是迭代，更像是一种过渡状态。一方面，人们有抛弃键盘的内在需求；另一方面，更加方便快捷的交互技术虽然已研发出来但还未得到应用。

数字孪生

这个板块的主要作用是实现现实世界与数字虚拟世界的互通与叠加，让两个世界相互感知和交互。该板块以数字孪生为主，其中物联网、传感器技术都是关键技术。

数字孪生实际上同样是一系列技术的集合，是充分利用物理模型、传感器技术，采用历史数据，集成多学科、多物理量、多尺度、多概率的仿真过程，在虚拟空间中完成映射，让现实世界中的实物在数字虚拟空间中生成一个数字的"克隆体"，并将本体的实时状态和外部环境全部复现到"克隆体"上。《雪崩》当中叫作"地球"的软件其实就是数字孪生技术的表现,不过这个软件当中的"克隆体"是整个地球。

美国国防部最早提出将数字孪生技术用于航空航天飞行器的健康维护与保障。首先在数字空间建立真实飞机的模型,并通过传感器实现与飞机真实状态完全同步,这样每次飞行后,根据结构现有情况和过往载荷,及时分析评估是否需要维修,能否承受下次的任务载荷等。

数字孪生是一种超越现实的概念,可以被视为一个或多个重要的、彼此依赖的装备系统的数字映射系统。数字孪生是个普遍适应的理论技术体系,可以在众多领域应用,在产品设计、产品制造、医学分析、工程建设等领域应用较多。在国内应用最深入的是工程建设领域,关注度最高、研究最热的是智能制造领域。

在工程建筑领域,数字孪生有时候也用来指代将一个工厂的厂房及生产线,在没有建造之前,就完成数字化模型,从而在虚拟的数字空间中对工厂进行仿真和模拟,并将真实参数传给实际的工厂建设。而厂房和生产线建成之后,在日常的运维中二者继续进行信息交互。

最早,数字孪生思想由密歇根大学的Michael Grieves命名为"信息镜像模型"(Information Mirroring Model),而后演变为"数字孪生"。数字孪生是在MBD基础上深入发展起来的,企业在实施基于模型的系统工程(MBSE)的过程中产生了大量物理的、数学的模型,这些模型为数字孪生的发展奠定了基础。

进入21世纪,美国和德国均提出了 Cyber-Physical System(CPS),也就是"信息-物理系统",作为先进制造业的核心支撑技术。CPS的目标就是实现物理世界和信息世界的交互融合。通过大数据分析、人工智能等新一代信息技术在虚拟世界的仿真分析和预测，以最优的结果驱动物理世界的运行。数字孪生的本质就是在信息世界对物理世界的等价映射，因此数字孪生更好地诠释了CPS，成为实现CPS的最佳技术。

数字孪生最为重要的启发意义在于，它实现了现实物理系统向赛博空间数字化模型的反馈。这是一次工业领域中，逆向思维的壮举。人们试图将物理世界发生的一切，塞回到数字空间中。只有带有回路反馈的全生命跟踪，才是真正的全生命周期概念。这样，就可以真正在全生命周期范围内，保证数字世界与物理世界的协调一致。各种基于数字化模型进行的各类仿真、分析、数据积累、挖掘，甚至人工智能的应用，都能确保它与现实物理系统的适用性。

在建立"克隆体"的过程中，3D扫描是一项关键技术。基于该技术，我们可以对物体的外形、结构和色彩进行扫描，然后快速将这些信息转换到数字世界当中。激光雷达是最常用的3D扫描设备，这是一种集激光、定位系统和惯性导航系统三种技术于一身的设备。

激光雷达的工作原理与雷达非常相近，以激光作为信号源，由激光器发射出的脉冲激光，打到地面的树木、道路、桥梁和建筑物上，引起散射，一部分光波会反射到激光雷达的接收器上，根据激光测距原理计算，就得到从激光雷达到目标点的距离，脉冲激光不断地扫描目标物，就可以得到目标物上全部目标点的数据，用此数据进行成像处理后，就可得到精确的三维立体图像。激光、定位系统和惯性导航系这三种技术的结合，可以高度准确地定位激光束打在物体上的光斑。目前激光雷达已经用于获得地面数字高程模型的地形和水下DEM的水文信息。

创建"克隆体"之后，连接现实世界与虚拟数字世界则是依靠物联网技术。物联网技术将各种物理信息传递到数字世界，同时还可以将数字世界的指令和变化传递到物理世界，实现双向互动。工业互联网则在产业背景下，将机器、人员、设备的连接进一步强化，实现工厂内外的全面互联。

数字孪生能够把现实世界镜像到虚拟世界里面去。这也意味着在元宇宙里面，我们可以看到很多现实世界的虚拟场景与形象，并能够在元宇宙的虚拟世界中与现实世界实现交互。

区块链

这个板块的作用主要是把数据资产化以及搭建经济体系，帮助元宇宙的参与者完成对数字产品的确权，建立数字资产。随着元宇宙进一步发展，对整个现实社会的模拟程度加强，我们在元宇宙当中可能不仅仅是在花钱，而且有可能在赚钱，这样在虚拟世界里就同样需要一套经济体系。

不过虚拟世界中的经济体系与现实世界完全不同，这个前面都有介绍。基于区块链技术的系统有一个关键特性——去中心化，即数据并不托管在单一的平台服务器上，而是由用户自己掌管。整套系统建立在分布式体系之上，由遍布全球的众多节点服务器共同提供服务，任何参与方都无法控制整个系统，这样就能够防止数据被篡改，极大地保障了使用者的数据安全。因此，只有通过智能合约、去中心化的清算平台和价值传递机制，才能保障价值的归属与流转，实现经济系统运行的稳定、高效、透明和确定性。

区块链本质上是一个共享数据库，是一个全球性的点对点网络，区块链中的区块是一个一个的存储单元，这个单元中记录了一定时间内各个区块节点全部的交流信息。各个区块之间通过随机散列（也称哈希算法）实现链接，后一个区块包含前一个区块的哈希值,随着信息交流的扩大,一个区块与一个区块相继接续,这样形成的链条就被称为区块链。存储于区块链中的数据或信息,具有"不可伪造""全程留痕""可追溯""公开透明""集体维护"等特征。基于这些特征,区块链技术奠定了坚实的"信任"基础,创造了可靠的"合作"机制。

虽然区块链不是第一个点对点网络,也不是第一个应用加密技术的网络,但区块链却让全部参与区块链网络的人取得了共识。区块链网络中的每个节点,都是历史的见证者,从而避免了因缺乏信任而无法完成的操作。

目前我们使用的大部分应用都试图采用某种集中式的数据库,这样使用程序的人越多,查看数据库的用户也越多。这意味着,对于小公司而言,即使产品再好也难以与大公司竞争。区块链的数据库和账本不依赖于特定的公司而存在。两个不同的公司可以通过分布式数据库和密码来保护用户隐私,获得网络效应带来的好处,避免大公司的垄断。

很多网站已经有了明显的网络效应,但其数据并不被特定的公司控制。当你使用一个建立在区块链上的、完全开放的平台时,其强大的网络效应会让你更容易享受到应用程序带来的好处。这不仅局限在一个行业,还可以跨越行业,甚至是国家。

区块链的应用领域其实非常广泛,包括支付、评价、预订、身份认证等。区块链的概念在2008年由中本聪第一次提出,在随后的几年中,区块链成为了电子货币的核心组成部分:作为所有交易的公共账簿。通过利用点对点网络和分布式时间戳服务器,区块链数据库能够进行自主管理。

区块链的特点是完全数字化,在元宇宙中,所有的资产都是数字化的,严格意义上来说,元宇宙所有的资产都是基于区块链的,另外通过区块链还可以避免元宇宙中的数字资产都集中在大公司手中。可以说区块链保证了元宇宙参与者拥有数据的权利。

有了区块链，才有了元宇宙，有了区块链，元宇宙才称为元宇宙。区块链和元宇宙是相互依存、不可分割的。区块链提供了元宇宙基础的组织模式、治理模式、经济模式所必需的技术架构，更重要的是，区块链去中心化的价值观，与元宇宙"共创、共享、共治"的价值观是完全一致的。

元宇宙基础设施

基于元宇宙的核心技术，我们可以将元宇宙的基础设施分为以下几个层次。对于不同层次的划分和理解，有利于说明不同层次基础设施彼此之间的关系，发现基础设施的发展规律。

物理硬件

2021年4月，芯片巨头英伟达举办了2021年GPU技术大会。由于受到新冠肺炎疫情影响，大会在线上举行，英伟达创始人黄仁勋在自己厨房里进行了演讲。黄仁勋将英伟达定义为全栈计算平台公司，然后从厨房的烤箱里拿出了全新的安培（Ampere）架构GPU NVIDIA A100（图5.7）。A100利用了英伟达安培架构的设计突破，在其8代 GPU中提供英伟达迄今为止最大的性能飞跃，将性能提高了20倍。这是一个端到端机器学习加速器——从数据分析到训练再到识别。第一次在一个平台上来统一人工智能训练和推理。

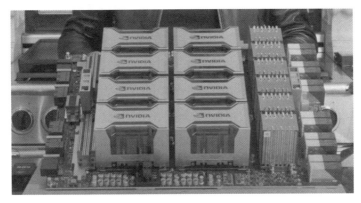

图5.7 NVIDIA A100

随着GPU在人工智能领域的作用越来越大，GPU的发展越来越快，性能也越来越强。过去纯CPU服务器的海洋，正在被GPU主导的加速计算基础架构所取代。

不过A100还不是这次大会最让人记忆深刻的。大家普遍记住的是这次大会中有14秒的厨房场景是由计算机合成出来的，而且虚拟厨房场景中的"黄仁勋"也是由计算机合成的。英伟达的技术人员展示了借助全新的NVIDIA Omniverse技术用计算机渲染出来的逼真虚拟世界。虽然他们故意留了很多线索，但由于效果过于真实，而且大家也没有想过视频内容是合成的，所以几乎没有人注意这一点。直到2021年8月，英伟达在计算机图形顶级会议ACM SIGGRAPH 2021大会上"说"出此事，这个细节才被大家知晓。

虚拟环境依托于现实中的硬件，包括计算机、网络设备、集成电路、通信组件、新型显示系统、混合现实设备、精密自由曲面光学系统、高像素高质量摄像头等。我们可以将物理设备分为三类：传统基础设施、数字化基础设施和人机交互设备。

传统基础设施就是指原来基本的计算机设备与零部件，比如CPU、GPU、服务器、网络设备等。数字化基础设施指的是为信息数字化服务的基础电子设备,比如5G、云计算中心、边缘计算中心等。5G目前已经是数字化基础设施的核心部分,它为工业互联网、人工智能、远程医疗,包括元宇宙等国家重点发展的新兴产业提供通信管道支撑,5G与传统产业深度融合,还将催生更多的新产业。人机交互设备是我们进入元宇宙的物理介质,包括智能手机(过渡产品)、智能眼镜、VR/AR设备、手势感应装置、脑机接口等,同时还有一些新的设备正准备推出。

鸿蒙

元宇宙基础设施不仅仅是指硬件,也包括一些必需的软"设施"。定义基础设施,要抓住公共品、外部性这两个特征。即大众都在使用的,已经(或将会)成为生活一部分的内容。

鸿蒙未来代表了广泛的软硬件之间统一的平台,本小节的标题"鸿蒙"实际上指代的是系统层。

操作系统实际上已经成为网络时代的基础设施。最早将操作系统普及到千家万户的应该是微软公司,它从诞生到现在,一直牢牢占据PC机操作系统的市场。而在随后的手机市场,则是苹果和安卓两个操作系统平分天下。

现在(包括未来)则可能就是鸿蒙。鸿蒙系统(英文名为Harmony OS,意为和谐)是一款"面向未来"、面向全场景(移动办公、运动健康、社交通信、媒体娱乐等)的分布式操作系统。在传统的单设备系统能力的基础上,鸿蒙系统拥有基于同一套系统能力、适配多种终端形态的分布式理念,能够支持多种终端。其创造了一个虚拟终端互联的世界,将人、设备、场景有机地联系在一起,实现了全场景多种智能终端的极速发现、极速连接、硬件互助、资源共享。

对消费者而言，鸿蒙系统能够将生活场景中的各类终端进行能力整合，形成一个"超级虚拟终端"，可以实现不同的终端设备之间的快速连接、能力互助、资源共享，匹配合适的设备、提供流畅的全场景体验。

对应用开发者而言，鸿蒙系统采用了多种分布式技术，使得应用程序的开发与不同终端设备的形态差异无关，降低了开发难度和成本。这能够让开发者聚焦上层业务逻辑，更加便捷、高效地开发应用。

对设备开发者而言，鸿蒙系统采用了组件化的设计方案，可以根据设备的资源能力和业务特征进行灵活裁剪，满足不同形态的终端设备对于操作系统的要求。

可能有人会觉得鸿蒙的出现是为了取代苹果和安卓，但从严格意义上来说，鸿蒙是为了解决越来越多的智能硬件如何高效互联互通的问题。这些智能硬件大到新能源汽车，小到耳机和手环，中间包括扫地机器人、微波炉、洗衣机、冰箱等。这些市场是远超智能手机市场的。

鸿蒙实际上就是一个数字创造工具，未来无论元宇宙采用什么技术，其中的应用也都必须运行在操作系统上，而这个操作系统极大的可能就是鸿蒙。

以太坊

出生于1994年的维塔利克·布特林（Vitalik Buterin）受父亲影响，从2011年开始研究电子货币，和朋友联合创办了全球最早的数字资产杂志*Bitcoin Magazine*。2013年维塔利克进入加拿大滑铁卢大学学习，不到8个月就申请了休学，然后一边到处旅游，一边给杂志撰稿赚取稿费。他逐渐意识到，区块链技术具有重要的应用价值与发展空间。于是，维塔利克决定打造一个全新的平台——以太坊。

2013年12月9日，以太坊白皮书初版发布，以在全球招募开发者共同开发这个平台。2014年1月，维塔利克向世界展示了以太坊，并获得了2014年IT软件类世界技术奖。2015年，以太坊区块链系统正式诞生。

不知道大家有没有这样的感觉，随着互联网的发展，原来预想中开放自由的网络环境好像反而与我们渐行渐远了。随着数据逐渐地集中在少数几个大型的超级平台，我们越来越受制于这些超级平台，客观上还存在着巨大的风险，因为用户在使用这些平台的服务时，需要将自己的数据提交到这些平台。2018年，Facebook有一个新闻，英国咨询公司剑桥分析在未经用户同意的情况下，通过Facebook获取了数百万用户的个人数据，这些数据被用于政治广告，甚至影响了2016年的美国大选。

以太坊是一个开源的有智能合约功能的公共区块链平台，以太坊虚拟机（Etheruem Virtual Machine，EVM）上可以运行各种去中心化应用。2015年至今，越来越多的开发者在以太坊上开发智能合约程序或创建数字资产，以太坊逐渐成为区块链领域规模最大、最重要的基础设施。如果说鸿蒙代表了广泛的软硬件之间统一的平台，那么以太坊就代表了软件与数据的统一平台。在数字世界中，无论我们进行什么操作，最后都会反映在数据状态的改变上。数据状态，是数字万物的起点，也是终点，改变了数据，也就改变了数字世界。本小节的标题"以太坊"实际上指代的是数据层。以太坊提供了一个低成本维护数字世界中的数据不被随意修改的方案。

以太坊这个去中心化的世界计算机之所以成功，其精巧的经济模型设计功不可没。以太坊包含了一种原生资产，即通证

（Token）。任何人想要使用以太坊运行智能合约，就必须使用一定数量的以太坊通证，给节点作为手续费，而那些分布在世界各地的节点可以通过提供算力共同支持以太坊的运行。同时，以太坊区块链系统也会奖励一些以太坊通证给节点。以太坊通证是以太坊区块链系统中的内生要素，可以使这样一个由多方共同运营的分布式系统顺畅运行。

以太坊目前已经形成了一个由原生的以太坊通证、同质化通证（Fungible Token）和非同质化通证（Non-Fungible Token，NFT）等诸多数字资产组成的生态。新兴应用场景的不断涌现也为以太坊的进一步发展提供了更多的空间，二者相辅相成。以太坊既是新物种，也是孕育新物种的母体。

同质化通证又称可互换型通证，其主要特点是各通证之间是没有区别的，可以随意交换，且可以拆分整合。而NFT最主要的特点是唯一性和不可拆分性。每一枚非同质化通证各不相同，都是单独存在、独一无二的通证，无法相互替代。此外，NFT的最小单位为1，不可拆分。这意味着，你的NFT不能与别人的NFT进行交换，也不能拆分成0.1个。现实世界中大部分资产都是非同质化的。因此NFT能够映射虚拟物品，成为虚拟物品的实体交易，从而使虚拟物品资产化。人们可以把任意的数据内容通过链接进行映射，使NFT成为数字内容的资产性"实体"，从而实现数据内容的价值流转。

NFT对于构建元宇宙意义重大。有了NFT机制，用户在元宇宙中购置的、创造的各类虚拟物品都具备了资产的意义。传统模式下，游戏中的装备和皮肤，其本质是一种服务而非资产，因为这些内容既不限量，生产成本也趋于零。运营者通常将游戏物品作为服务内容销售给用户，创作平台也是如此，用户使用他人的作品时需要支付指定的费用。NFT的存在改变了传统虚拟商品交易的模式，用户可以直接创造虚拟商品，交易虚拟商品，就如同在现实世界的生产交易一样。NFT可以脱离游戏平台，用户之间可以自由交易相关NFT资产。

2021年3月11日，NFT艺术品《每一天：最初的5000天》已在传统拍卖行佳士得拍卖行以6935万美元（约合人民币4.5亿元）成交。2021年7月13日，北京国声京剧团将自己的京剧作品在NFT网站上出售。2021年12月17日，阿迪达斯正式推出了一系列"走入元宇宙"的NFT，并于发售后数小时内就卖出了将近3万个。2022年1月1日，元宇宙平台Ezek联合品牌PHANTACi首次限量发售NFT项目Phanta Bear（幻象熊），发行上限10000个，单价为0.26个以太币（约人民币6200元），总价超6200万元。

在元宇宙的初期，很难通过权威的中心化组织来规范元宇宙中的经济行为。Roblox算是开了一个先河，不过Roblox并没有采用去中心化的机制来实现交易行为，而是通过与美元兑换实现交易，这样Roblox则必须很小心地维护Robux与美元之间"汇率"的稳定。

人工智能

基于物理硬件、系统层、数据层的基础，出现了各种各样的应用，这些应用会帮助我们更好地融入元宇宙，其中有一些应用也将会成为"基础设施"，比如人工智能相关的一些底层应用。本小节的标题"人工智能"实际上指代的是应用层。

谈到人工智能，可能大家印象最深刻的还是2016年3月AlphaGo以4∶1的总比分击败围棋世界冠军职业九段棋手李世石的场景。这标志着人工智能跨入了一个新的里程碑。而前一个里程碑应该是1997年5月11日"深蓝"击败国际象棋大师卡斯帕罗夫。当时还有很多人说人工智能是无法在围棋上击败人类职业的围棋冠军，因为围棋的变化太多了，计算机完成不了这个数量级的计算。但近几年，随着软硬件的发展，人工智能的发展也非常迅猛，自然语言处理、机器视觉、图像识别、语音语义识别、自动驾驶等方面的技术突破和应用创新层出不穷，让计算机能够执行以往通常是人类才能完成的任务。

数字人是人工智能技术在元宇宙中的重要应用，也是元宇宙的重要组成部分。数字世界中的那些NPC与人工智能技术相结合，逐步成为了有形象、有身份、有故事、有情感的"数字人"，就像《雪崩》中的"图书管理员"。

早期的数字人只是简单的卡通角色或虚拟偶像。当时，数字人主要依靠手绘来实现。不过随着计算机图像（Computer Graphics，CG）技术、动作捕捉、3D渲染、全息投影技术的发展，数字人突破了原有技术的限制，在表情、肢体、服装等细节上可以实现超高精度的构建，形象越来越逼真。同时，随着人工智能的发展，数字人也变得越来越智能，能够根据实时信息给出更多个性化的反馈。初音未来（Hatsune Miku）就是这个阶段的代表，也是世界上第一个使用全息投影技术举办演唱会的虚拟偶像。与之类似的还有基于雅马哈公司VOCALOID 3语音合成引擎制作的虚拟形象洛天依，如图5.8所示。

2012年7月12日，洛天依作为中文虚拟歌手正式出道。2017年6月17日，洛天依在上海梅赛德斯-奔驰文化中心举行万人演唱会。2020年12月31日，洛天依参加由央视频与哔哩哔哩联合推出的《2020最美的夜bilibili晚会》。在2021年2月11日，更是参加了2021年中央广播电视总台春节联欢晚会，表演少年歌舞《听我说》。

此外，视频和直播平台上也出现了一些虚拟主播。2016年11

图5.8 虚拟形象洛天依参加2021年中央广播电视总台春节联欢晚会

月,日本虚拟偶像绊爱(Kizuna AI)在YouTube等流媒体平台上开设频道,拥有近300万粉丝。2017年中国的虚拟主播小希也在bilibili平台上开播。到2020年,bilibili上已经有了32412名虚拟主播。

如果说初音未来、洛天依、绊爱等虚拟偶像还仅仅停留在二次元的世界,那么随着技术的发展,数字人已经开始融入我们的生活当中。2018年,搜狗和新华社联合发布全球首个全仿真智能AI主持人,这个主持人能够将输入的中英文文本自动生成新闻播报视频,并确保视频中的声音和数字主持人的表情、唇动保持自然一致。另一个例子是由燃麦科技打造的"数字人"AYAYI,区别于虚拟偶像,AYAYI有着更贴近真人的虚拟形象。在皮肤质感上做到了对真人的高度还原,并且可以依据不同光影条件作出相应的模拟和渲染。2021年5月,AYAYI亮相小红书,首发帖阅读量近300万。另外,AYAYI还有自己的工作和岗位,9月8日,天猫官宣AYAYI成为阿里首位数字员工,并担任天猫超级品牌日首位数字主理人。此外,承担着载人航天工程、行星探测工程、探月工程等国家重大航天项目"现场报道"任务的新华社的数字记者、数字航天员小诤，在清华大学计算机科学与技术系知识工程实验室学习的2021级数字学生华智冰（图5.9），这些基于人工智能且具备现实身份的数字人，将成为和我们共同创造元宇宙的重要角色。

图5.9　在清华大学计算机科学与技术系知识工程实验室学习的
2021级数字学生华智冰

元宇宙的基础设施是逐层建设的，随着层级的上升，从硬件到软件越来越抽象。元宇宙基础设施代表技术融合应用的发展方向。建设元宇宙，技术创新是关键，我们必须加快推动云计算、分布式存储、物联网、VR、AR、5G、区块链、人工智能等前沿数字技术集成创新和融合应用，加快构建新型基础设施。2020年4月，国家发改委明确了新型基础设施建设的范围，包括信息基础设施、融合基础设施、创新基础设施三个方面。其中，信息基础设施包括以5G、物联网、工业互联网、卫星互联网为代表的通信网络基础设施，以人工智能、云计算、区块链为代表的新技术基础设施，以数据中心、智能计算中心为代表的计算基础设施。

我国"十四五"规划和2035远景目标纲要也明确提出将围绕强化数字转型、智能升级、融合创新支撑，布局建设信息基础设施、融合基础设施、创新基础设施等新型基础设施，建设高速泛在、天地一体、集成互联、安全高效的信息基础设施，增强数据感知、传输、存储和运算能力，加快推动数字产业，培育壮大人工智能、大数据、区块链、云计算等新兴数字产业，提升通信设备、核心电子元器件、关键软件的产业水平，构建基于5G的应用场景和产业生态，在智能运输、智慧物流、智慧能源、智慧医疗等重点领域开展试点。

世界上很多国家政府也在积极关注并推动元宇宙的发展。2021年5月，韩国科学技术与信息通信部发起成立了"元宇宙联盟"，以此支持元宇宙技术和生态系统的发展；7月，日本经济产业省发布了《关于虚拟空间行业未来可能性与课题的调研报告》，对企业进入虚拟空间行业可能面临的各种问题进行了分析，并审视了虚拟空间的未来前景；8月，字节跳动斥巨资收购VR创业公司Pico；10月28日，美国社交媒体巨头Facebook宣布更名为Meta，这个名字来源于"元宇宙"（Metaverse）；12月，百度发布首个国产元宇宙产品"希壤"；2022年1月，索尼（Sony）宣布了下一代虚拟现实头盔（PS VR2）的新细节，以及一款适配PS VR2的新游戏；1月4日，高通技术公司在2022年国际消费电子展（CES）上宣布与微软合作，扩展并加速AR在消费级和企业级市场的应用，包括开发定制化AR芯片以打造新一代高能效、轻量化AR眼镜，从而提供丰富的沉浸式体验，并计划集成Microsoft Mesh应用和骁龙Spaces™ XR开发者平台等软件；1月18日，微软公司发布声明，斥巨资687亿美元收购知名游戏开发和互动娱乐内容发行商动视暴雪，交易完成后微软将成为仅次于腾讯和索尼的全球收入第三高的游戏公司。

我们相信，在各国政策与规则的引导下，未来的关键核心技术将加速创新，新型基础设施将加速建设，这将极大地推动元宇宙的建设和发展。不过技术发展与创新的核心依然是人。

信息技术教育

信息技术（Information Technology，IT），是主要用于管理和处理信息所采用的各种技术的总称。其作为当今先进生产力的代表，已经成为国家经济发展的重要支柱和网络强国的战略支撑。前面提到的大数据、云计算、边缘计算、分布式存储、物联网、VR、AR、5G、区块链、人工智能都属于信息技术的范畴。因此真正推动元宇宙发展，还要回到信息技术教育当中。

信息技术

信息技术教育中的"信息技术"，可以从广义、中义、狭义三个层面来定义。

广义而言，信息技术是指能充分利用与扩展人类信息器官功能的各种方法、工具与技能的总和。该定义强调的是从哲学上阐述信息技术与人的本质关系。

中义而言，信息技术是指对信息进行采集、传输、存储、加工、表达的各种技术之和。该定义强调的是人们对信息技术功能与过程的一般理解。

狭义而言，信息技术是指利用计算机、网络、广播电视等各种硬件设备及软件工具与科学方法，对文图声像各种信息进行获取、表示、加工、存储、传输与使用的技术之和。该定义强调的是信息技术的现代化与高科技含量。

信息技术的应用包括计算机硬件和软件、网络和通信技术、应用软件开发工具等。计算机和互联网普及以来，人们日益普遍地使用计算机来生产、处理、交换和传播各种形式的信息（如书籍、商业文件、报刊、唱片、电影、电视节目、语音、图形、影像等）。

信息技术沿着以个人计算机为核心，到以互联网为核心，再到以数据为核心的发展脉络，逐步改变着社会的经济结构和生产方式，加快了全球范围内的知识更新和技术创新，催生出现实空间与虚拟空间并存的信息社会。

在企业、学校和其他组织中，信息技术体系结构是一个为达成战略目标而采用和发展信息技术的综合结构。它包括管理和技术的成分。其管理成分包括使命、职能与信息需求、系统配置和信息流程；技术成分包括用于实现管理体系结构的信息技术标准、规则等。由于计算机是信息管理的中心，计算机部门通常被称为"信息技术部门"。有些公司称这个部门为"信息服务"（IS）或"管理信息服务"（MIS）。另一些企业选择外包信息技术部门，以获得更好的效益。

物联网、云计算、人工智能、区块链，包括元宇宙，这些内容作为信息技术新的高度和形态被提出、发展。让信息更快更准地收集、传递、处理并执行，是科技的最新呈现形式与应用。

信息技术教育的含义

信息技术教育有两个方面的含义：一是指学习与掌握信息技术的教育；二是指采用信息技术进行教育活动。前者从教育目标与教育内容方面来理解信息技术教育，后者则从教育的手段和方法来理解信息技术教育。由此，可以这样定义：信息技术教育是指学习、运用信息技术，培养信息素质，实现学与教优化的理论与实践。

信息技术教育包括理论与实践两个领域。理论领域指信息技术教育是一门科学，是现代教育学研究的一个新分支，又具有课程教学论的一些特征，具体包括概念体系、理论框架、原理、命题、模式、方法论等研究内容。实践领域指信息技术教育是一种教学活动，一种工作实践，一项教育现代化事业，具体包括信息技术的软硬件资源建设、课程教材的设计开发、师资培训、教学中各种信息技术的综合运用、学习指导、评价与管理等。

信息技术教育的本质是利用信息技术培养信息素质。这里，"利用信息技术"只是一种手段和工具，最终目的是培养学生的信息素质，以适应信息社会对人才培养标准的要求。信息素质是指人所具有的对信息进行识别、加工、利用、创新、管理的知识等各方面基本品质的总和，是人的一种基本生存素质。为此，我们应明确信息技术教育的指导思想：不只是为了让学生掌握信息技术知识而开展信息技术教育，还通过信息技术教育，全面提高学生的信息素质。换句话说，信息技术教育不等于软硬件知识学习，而是要使学生通过掌握包括计算机、网络在内的各种信息工具的综合运用方法，来培养学生的处理、创新能力，为适应信息社会的工作、学习与生活打下良好基础。

信息技术教育的范畴包括学习信息技术和利用信息技术促进学习两个方面。这里明确指出了开展信息技术教育的两种教学形式（专门课程式与学科渗透式）。我们不但要开设专门的"信息技术"课程，重点培养学生运用计算机与网络等现代信息工具的知识和能力；而且要在所有课程的教学中，运用各种传统的与现代的信息工具促进学生的学习，要渗透信息技术教育思想，培养学生对各种学科信息的综合处理与创新能力。

信息技术教育的途径与模式有多种。除采用学校课堂教学模式外，还可采用课外活动模式、家庭教育模式、远程协作学习模式。其中，基于项目活动的教学模式能较好解决理论知识与实践技能、学习竞争与协作的结合问题，能有效地培养学生的信息素质，是一种非常实用的学校信息技术教育模式，值得推广。

面对网络和数字化工具不断普及的现实，为了培养学习者对信息技术发展的敏感度和适应性，帮助学习者学会有效利用信息社会中的海量信息、丰富媒体和多样化技术工具，信息技术教育的技术内容主要包含编程与算法、绘图与3D建模、传感器与开源硬件这三个部分。

其中编程与算法是最核心的内容，信息技术相关的软硬件中基本都涉及这部分内容。编程与算法是处理信息的主要手段，人工智能、区块链、操作系统这些方面的主要内容就是编程与算法。绘图与3D建模解决了交互界面、交互形式、交互场景的问题，如果没有这个部分的内容，那么我们与数字世界的交互就只能通过文本形式进行了。传感器与开源硬件解决了虚拟世界与现实世界的连接问题。传感器是实现测试与自动控制的重要环节，在测试系统中，传感器能够检测并传递出某一形态的信息，并将其转换成另一形态的信息。而开源硬件则能够在边缘端对信息进行简单处理。目前很多物联网、工业互联网、扩展现实中的终端设备都是传感器和开源硬件的组合。

图书《我的Python世界》中，有一个"比特开关"的例子，实现的功能是当我们在Minecraft中进入一个特定的封闭的屋子时，由于屋子内部很黑，因此当关上屋门的时候，屋内会出现一个萤石灯（Minecraft当中一种能发光的方块），同时现实世界也会点亮一个LED灯。而当我们打开门从屋子里出来时，屋内的萤石灯会消失，同时现实世界中的LED灯也会熄灭。由于在Minecraft的数字世界中，通过一扇门控制了虚拟世界中的萤石灯和现实世界中的LED灯，这个门就相当于一个数字世界的开关，所以这个例子叫作"比特开关"。

《我的Python世界》基本上结合了编程与算法、绘图与3D建模、传感器与开源硬件这三个部分的内容。首先Minecraft中的房屋是在虚拟的数字世界中建造的，然后，虚拟世界与现实世界的连接是通过开源硬件Arduino实现的，最后通过程序将所有的内容链接在一起。由于这是一本介绍Python编程的书，所以是通过Python的代码检测Minecraft中玩家的位置以及屋门的状态，然后实现对虚拟世界的控制，同时基于Python程序与开源硬件Arduino的通信实现对现实世界的控制。例子中控制LED灯是象征意义的，只要我们在硬件方面做一些扩展（比如增加一个能够通过5V电压控制220V交流电压的继电器模块），那么就能够在虚拟数字世界中实现与现实世界的更多交互。比如当现实世界中屋内光线太暗的时候，通过在虚拟世界中打开"背包"，在地上摆一个"图形"就能打开现实世界中屋内的灯。

《我的Python世界》中还有一个"图片扫描仪"的例子，这个例子实现的功能是将一张图片转换成一张低像素的图像，然后在Minecraft的场景中用不同颜色的方块显示出来，如图5.10所示。基于这个例子，笔者曾经尝试直接获取摄像头的图像，转换为低像素之后直接在Minecraft中显示，这样再结合虚拟世界对现实世界的控制，就能够完成一个"虚拟监控"的例子。即当有人在现实世界按下门铃，首先在虚拟世界中会看到出现的提示信息（假如我们目前无法从虚拟世界中下线），然后我们会在虚拟世界中看到现实世界中摄像头的画面，最后根据图像信息决定要不要通过虚拟世界中的一个装置将门打开（这个场景是不是非常像《雪崩》当中女主人公见到吴时描述的场景）。

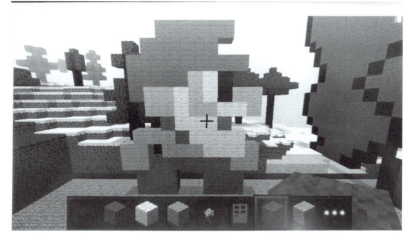

图5.10　在Minecraft的场景中通过程序显示一张低像素的蓝精灵图片

　　除了技术方面的内容之外，信息技术教育的内容还包括信息意识、计算思维、创新思维、信息社会责任等内容。
　　信息意识是指个体对信息的敏感度和对信息价值的判断力。具备信息意识的人能够根据解决问题的需要，自觉、主动地寻求恰当的方式获取和处理信息；能够敏锐地感觉到信息的变化，分析数据中所承载的信息，采用有效策略对信息来源的可靠性、内容的准确性、指向的目的性做出合理判断，对信息可能产生的影响进行预期分析，为解决问题提供参考；在合作解决问题的过程中，愿意与团队成员共享信息，实现信息的更大价值。
　　计算思维是指个体运用计算机科学领域的思想方法，在形成问题解决方案的过程中产生的一系列思维活动。具备计算思维的人在信息活动中能够采用计算机处理的方式来界定问题、抽象特征、建立结构模型、合理组织数据；通过判断、分析与综合各种信息资源，运用合理的算法形成解决问题的方案；总结利用计算机解决问题的过程与方法，并迁移到与之相关的其他问题解决中。

创新思维是指以新颖独创的方法解决问题的思维过程，通过这种思维能突破常规思维的界限，以超常规甚至反常规的方法、视角去思考问题，提出与众不同的解决方案，从而产生新颖的、独到的、有社会意义的思维成果。

信息社会责任是指信息社会中的个体在文化修养、道德规范和行为自律等方面应尽的责任。具备信息社会责任的人具有一定的信息安全意识和能力，能够遵守信息法律规定，信守信息社会的道德与伦理准则，在现实空间和虚拟空间中遵守公共规范，既能有效维护信息活动中个人的合法权益，又能积极维护他人合法权益和公共信息安全；关注信息技术革命所带来的环境问题和人文问题；对于信息技术创新所产生的观念和新事物，具有积极学习的态度、理性的判断和负责行动的能力。

信息技术教育的开展

一方面，伴随着信息技术的发展，IT人才的短缺现象将会越来越严重。国内IT教育主要是高等学校计算机、电子、电信、信息技术等相关专业的学历教育，每年培养的大学毕业生远远不能满足市场的需要。信息技术人员的极度短缺，催生了很多的成人信息技术培训。另一方面，信息技术行业中职业的变化和更替也是最为频繁的，它要求从业者必须不断地学习才能保持这种持续工作的状态。此外，由于信息技术的飞速发展，很多掌握过时技术的人员也不得不重新进行培训，以使自己能够与最新的技术同步。不过需要说明的是，大学之后的信息技术教育往往都是针对具体技术方面的。如果希望能够更好地开展信息技术教育，那么就要将教学环节向中小学延伸。

在高中阶段，遵循高中学生的认知特征和个性化学习需求，体现信息技术的层次性、多样性和选择性。在2020年修订的《普通高中信息技术课程标准》中设定了必修、选择性必修和选修三类课程。

必修课是全面提升高中学生信息素养的基础，强调信息技术学科核心素养的培养，渗透学科基础知识与技能，是每位高中学生必须修习的课程，是选择性必修和选修课学习的基础。其中包括"数据与计算"和"信息系统与社会"两门课程。

选择性必修课是根据学生升学、个性化发展需要而设计的，分为升学考试类课程和个性化发展类课程。选择性必修课旨在为学生将来进入高校继续开展与信息技术相关方向的学习以及应用信息技术进行创新、创造提供条件。其中包括"数据与数据结构""网络基础""数据管理与分析""人工智能初步""三维设计与创意""开源硬件项目设计"六门课程。这六门课程当中，"数据与数据结构""网络基础""数据管理与分析"是本学科学业水平等级性考试的依据，是为学生升学需要而设计的课程，三门课程内容相互并列；"人工智能初步""三维设计与创意""开源硬件项目设计"是为学生个性化发展而设计的课程，学生可根据自身发展需求进行选学。目前编程教育基本已经延伸到了中小学，因此"人工智能初步"可以认为是编程与算法的部分，"三维设计与创意"可以认为是绘图与3D建模的部分，"开源硬件项目设计"可以认为是传感器与开源硬件的部分。

选修课程体现了学科的前沿性、应用性，是为满足学生的兴趣爱好、学业发展、职业选择而设计的自主选修课程，为学校开设信息技术校本课程预留空间。其中包括"算法初步""移动应用设计",另外学校也可以根据自身情况自行开设相应的课程。

需要说明的是,信息技术是一门中小学生必修的课程,而不是劳技课或活动课的内容,也不同于计算机课程,是人们增强科学技术知识的重要途径。开展信息技术教学需要编写教学目标,教学目标的编写,应满足以下五个基本要求。

① 先进性。要紧扣飞速发展的信息时代脉搏,满足信息社会对人才信息素质培养的基本需要。

② 科学性。不同的教育对象、不同的年龄阶段有不同的知识起点、不同的接受能力。因此,教学目标要有针对性,注重因材施教。同时,目标编写中应注意运用教育心理研究的新成果,将外显行为目标与内部心理发展目标结合起来;要注重学生的言语信息、智力技能、认知策略、动作技能、情感态度等方面的综合培养。

③ 具体性。表述中尽量避免含混和不切实际的语词,应明确、详细,可以观察和测量。

④ 层次性。总目标、课程目标、章节(单元)目标、课时目标、知识点目标的关系,是一种学习内容方面的递进关系;认知领域中的识记、理解、简单运用、综合运用、创建,是一种学习结果方面的递进关系。

⑤ 系统性。应列出全部知识点的教学目标,不同层次、不同难度的教学目标搭配合理,能起到相互促进、总体优化的作用。

第六章

元宇宙教育推动教育变革

上一章在介绍信息技术教育的时候说过,信息技术行业中职业的变化和更替是最为频繁的,它要求从业者必须不断地学习才能保持这种持续工作的状态。而对于信息技术创新所产生的观念和新事物,也要求每个人都能够积极地学习。这其实就是对未来的教育提出了新的要求,而其中元宇宙教育也起到了一定的推动作用。

教育模式的转变

目前新一轮科技革命蓬勃兴起,掀起了一场影响经济社会发展的全局系统变革,对未来教育发展也带来了新的机遇和挑战。

新时代需要怎样的教育?这个问题大家都在各说各话,不过本书认为其核心问题是要明确教育的目的是什么。

笔者多次在不同国家进行过教育类的交流活动,那么就让我们以开放的心态在近距离地感受国内外教育的差异中聊一聊元宇宙中教育的模式。

私塾与科举

在古代,教育资源在全球各地都是稀缺的,而在我国受教育的机会还会更多一些。古代我国的教育是相当务实的。家里条件不太好的,很早就把孩子送到一个师傅那里学手艺。这种形式不算是私塾,这些孩子算学徒,师傅会根据孩子的情况灵活分配任务,学习能力强的教得就多些(主要是指技能方面),能力差的就反复练习基础,如果需要读书识字了(有的行业需要读书识字,比如需要记账或开方子)才会开始简单地读书识字。

家里条件比较好的才会送到私塾或塾,私塾是我国古代社会一种开设于家庭、宗族或乡村内部的民间幼儿教育机构(古代很少把

"私"和"塾"两个字直接连起来使用。私塾成为一个社会常用词语是近代以后的事情，以示与公立新式学堂的区别）。把孩子送到私塾是为了将其培养成国家的栋梁之材，因此一开始就会学习读书写字，塾师多为落第秀才，学生入学年龄不限，而且入学不必经过入学考试，一般只需征得先生同意，即可取得入学的资格。私塾规模一般不大，收学生多者二十余人，少者数人。私塾对学生的入学年龄、学习内容及教学水平等，均无统一的要求和规定。

私塾十分注重素质教育，强调养成良好的道德品质和生活习惯。在教学内容上，也十分重视学诗作对，教学水平则主要看先生的水平，如果先生觉得没有什么可教的，会将学生推荐到一个更好的先生那里（前面提到的只是简单识字的情况，有的私塾也教）。

上私塾最后的目的是参加科举。科举制度是古代我国及受我国影响的日本、朝鲜、越南等国家通过考试选拔官吏的制度。科举制度应该是工业革命之前所能采取的最公平的人才选拔形式，扩展了国家引进人才的社会层面，吸收了大量出身中下层社会的人士进入统治阶级。特别是唐宋时期，科举制度之初，显示出生气勃勃的进步性，形成了我国古代文化发展的一个黄金时代。科举考试通常分为地方上的乡试、中央的省试与殿试。唐朝科举考试有秀才、明经、俊士、进士、明法（法律）、明字、明算（数学）等多种科目，考试形式有时务策（考官就当前时务提出策问，考生书面作答）、帖经（考官任取经典中某一段，用纸条贴盖其中数字或数句，令考生背出来，类似现代的填空考试）、杂文（泛指诗、赋、箴、铭、表、赞之类，测试应试者的文学才华）等。宋朝科举考试有进士、明经科目，考试形式有帖经、墨义和诗赋，王安石任参知政事后，取消诗赋、帖经、墨义，专以经义、论、策取士。明清科举改为考八股文。

普鲁士教育体系

科举制废除之后，我国教育走上了向西方学习的道路。而最开始西方的基础教育体系，实际上是在18世纪由普鲁士人最先实施的普鲁士教育体系。这种教育体系的本质是一种义务教育模式，一个国家的所有成员都必须上学到一定程度。国家会按年龄设计教育内容，将知识划分成各个学科，并进一步将学科分为各个独立的单元。推行标准化的教育，采用"课时"这一概念，每节课40min左右学习其中一个独立单元。课后休息10min，下节课学习另一门学科的独立单元。

在工业革命之后，面对工厂大量的人员需求，这一模式筑造了强大的德国工业体系，也成就了德国的腾飞，正如战胜法国并俘虏法国皇帝的元帅毛奇所说："普鲁士的胜利早就在小学教师的讲台上决定了。"这种工业流水线式的教育也造就了德国敬业自律、一丝不苟的作风。不过普鲁士教育体系的初衷并不是教育出能够独立思考的学生，而是批量化炮制服从教师和课堂权威的学生。

纽曼的教育理念

开展大规模的普及教育，普鲁士教育体制是最为经济的方法。不过这种形式会限制学生独立思考的能力，从而让学生很少会进行更为深入的探究。

约翰·亨利·纽曼是19世纪英国的教育学家，也是自由教育的伟大倡导者。其教育思想集中体现在他的教育名著《大学的理想》中。纽曼认为在大学里，学生除了学习知识以外，相互交流、相互学习、彼此成为朋友，也是大学期间必不可少的人生经历，缺乏了这些，大学就不完整，教育的目的是培养有能力服务社会的人，而不是发文凭。他坚持教学是大学的唯一职能。大学是为传授知识而设，为学生而设，而不是为科学研究而设，科研机构和大学的分工是不同的，我们不能借口履行大学的使命，而把它引向不属于它本身的目标。另外，针对当时工业革命的大背景下教育功利现象严重的情况，纽曼提出了大学是传播大行之道而非雕虫小技的地方，即道和术的区别，并将这一点作为大学的基本要求。纽曼认为大学教育应为自由教育而设，自由教育就是智力培养的教育，包括具备有教养的才智，灵敏的鉴赏力，率直、公正、冷静的头脑，高贵、谦恭的待人接物风度。在培养过程中，智力培养并不趋向于特定的或偶然的目的，也不指向具体的职业、研究或科学，而是将对智力的追求作为其最高和最终目标。纽曼在一次演讲中讲到：

如果让我必须在那种由老师管着、选够学分就能毕业的大学和那种没有教授、考试，让年轻人在一起共同生活、互相学习三四年的大学中选择一种，我将毫不犹豫地选择后者……为什么呢？我是这样想的：当许多聪明、求知欲强、富有同情心而又目光敏锐的年轻人聚到一起，即使没有人教，他们也能互相学习。他们互相交流，了解到新的思想和看法，看到新鲜事物并且掌握独到的行为判断力。

未来的教育模式

互联网时代的到来，让知识已经不再是一种稀缺资源，可以说任何人都可以在互联网上找到他想学习的资源。在这样的时代，教育的模式正在发生以下的转变。

（1）教育智能化

人工智能正在推动教育体系向智能化加速跃升。一是重塑学习环境，借助物联网和情境感知技术全面了解教育运行状态，将学校变成万物互联、智慧感知、虚实融合的智慧学习空间；二是重构学习流程，利用学习分析技术跟踪学生学习过程，洞察学习规律，提供及时有效的学习支持，帮助学生开展个性化学习。

（2）教育数字化

随着5G技术的落地应用，教育数字化已经成为不可阻挡的时代潮流。一是在线教育加速普及，新冠肺炎疫情引发了在线教育的"井喷式"增长，直播课堂、在线辅导等成为学校开展教学的重要方式；二是教育供给有效拓展，在线教育和智能教育新业态初现端倪，社会化教育服务市场不断发展，为学习者提供了丰富多元的教育机会；三是教育"在地国际化"成为常态，在国际秩序动荡调整和新冠肺炎疫情全球蔓延的大背景下，国际人文交流的主阵地从线下转移到线上，不出国门也能开展"留学"、国际交流和科研合作。

（3）教育融合化

知识跨界融合已经成为全球教育变革的主导趋势，未来教育将呈现出三种态势：一是学科融合，跨越学科专业的界限，注重跨学科课程建设，以交叉学科专业对接新兴产业集群发展；二是校内外融合，政府积极探索向社会力量购买教育服务，指导性目录不断优化，支持学校与科研机构、企业、社区、家庭等建立紧密的合作关系，构建校内外资源相互沟通、高度共享的办学格局；三是线上线下教育融合，在线教育正在成为学校教育的有机组成部分，混合教学逐步走向常态化。

（4）教育终身化

当前，知识更新明显加速，新旧职业呈现结构性更替，终身学习能力成为新一代劳动者的核心竞争力。一是教育目标立体化，未来人才培养强调实践应用能力，发展互联网思维和跨界思维，注重人与社会的协调发展，强调建立知识图谱，知识图谱能够帮助学习者建立知识与知识之间的初步联系，利于理解与记忆；二是教育对象全年龄化，通过各类教育体系的有效衔接，为各行各业人员提供多样化的学习机会，让每个人都成为终身学习者；三是学习途径多元化，加强校园与职场的对接，面向重点人群开展"不脱产学习""送教入企业"和"订单式培养"，畅通人才成长通道。1965年在联合国教科文组织主持召开的成人教育促进国际会议上，联合国教科文组织成人教育局局长法国的保罗·朗格朗（Paul Lengrand）正式提出了终身教育的概念，主要是指人们在一生各阶段当中所受各种教育的总和，是人所受不同类型教育的统一综合。包括教育体系的各个阶段和各种方式，既有学校教育，又有社会教育；既有正规教育，也有非正规教育。主张在每一个人需要的时刻以最好的方式提供必要的知识和技能。

（5）教育个性化

每个人的学习效率和兴趣点都是不同的。未来的教育将以人为本，在终身教育的理念下，学习者一定要根据自身的兴趣和爱好尽快建立自己的知识图谱。马斯克曾将知识比作一棵语义树，当学习新知识时，要先确保你理解基本原理，正如树干和大的分枝；再寻求细节，正如树叶，不然树叶将无从依靠。这个知识图谱可以很粗略，但一定要能够借助网络来动态地拓展图谱，结合越来越智能的教育环境，依托数字化的教育形式，以自己的节奏学习，在教育中发现并确立自己的优势和特长。

在未来的场景下，我国拥有独特的教育制度优势、完备的人才培养体系、坚实的网络基础设施以及成功实施大规模在线教育的实践经验，在教育模式的转变中具备抢抓时代机遇的先决条件。

三人行必有我师

在元宇宙教育中,教育的形式可能又会有一些变化。造成这种变化的根本原因可能是元宇宙是一个自由创造的虚拟数字世界。这个世界中能够真正体现"三人行必有我师"。

教育年龄段的融合

现代教育中通常是按照学习者的年龄来划分年级的,而在元宇宙教育中,将会出现教育融合化的第四个融合——年龄段的融合。本身在互联网的时代,年龄就已经与学识之间的正相关没有那么明显了,比如一个擅长使用电子设备的人在大城市的出行肯定会更便捷,这种便捷不是因为自身对于出行线路的熟悉,而是因为具备使用电子设备拓展知识的能力。不过互联网时代这种教育年龄段的融合并不是很明显,如果大家都在一起学习(哪怕是基于线上),那么一定会把学习能力、基础知识、学习习惯等这些事与年龄挂钩。但是在元宇宙中,由于大家都是虚拟形象,本身无法直观地看到年龄大小(有可能会看到网龄),那么这种教育年龄段的融合就会更舒畅一些。还是以电影《头号玩家》举例,电影中的少年周,在现实世界中是一个11岁的少年,但在虚拟世界中却是一名日本忍者,是"绿洲五强"之一,拥有着与年龄不相称的勇敢与成熟。

元宇宙中的教育是相互学习的过程,每个人可能都有自己擅长的领域,我们不应该依据年龄来判断一个人所了解知识的多少。我相信很多成年人,包括很多开展教育工作的人,对于Minecraft的熟悉程度都没有一二年级的小学生高,他们完全不理解这个画质是像素风格的游戏有什么好玩的,而孩子却能告诉你怎么制作一把"铁剑",怎么制作"工作台",怎么搭建一个"房子"。所以,如果一个成年人进入了Minecraft的虚拟世界，也许还要向一个小学生请教如何在这个虚拟的世界中探索了。

创造新规则

在元宇宙教育中，除了不能根据年龄大小来判断另一个人是否比你有经验外，还有一点是有些规则是新创建的，我们一定要向创建规则的人学习探索相应虚拟数字世界的方法。这一点也是和年龄无关的，有可能孩子的想象力还会更丰富一些，而丰富的想象力就能创建更多不同的体验，这对于元宇宙来说非常重要。

《我的Python世界》当中，笔者在Minecraft中创建了一个新的游戏——剑球。这个游戏的基础是通过Python程序能够检测到参与者用手中的"剑"敲击的是方块的哪一个面（还要判断参与者是敲击的方块，而不是"摧毁"了方块，否则就判为"犯规"），这样基于编程就能实现当方块不同的面被敲击时，方块就要向不同的方向移动。进一步，还能够判断方块所在的区域，以此划定一个比赛的区域，超出这个区域要么判断为出界，要么判断为得分。剑球游戏的效果如图6.1所示。

图6.1 Minecraft中的剑球游戏

通过程序还能够在场地边上显示比赛的时间。这个游戏就是结合编程在数字虚拟世界中创建的，如果有人想参与这个游戏，那么就需要先了解和学习一下对应的规则了。

我们一定要意识到，在元宇宙中单纯地创建一个逼真度非常高的场景在VR中让人参观是不行的，再美的场景，如果没有交互，参与者来几次也就没意思了。比如网上就有很多比图书《我的故宫世界》中创建的故宫更真实的场景，见图6.2。

图6.2　在Minecraft的虚拟数字世界中创建更加逼真的故宫

如果希望能表现更多的细节，那么可以考虑放大建筑的尺寸，因为在Minecraft的虚拟数字世界中单个方块的大小是确定的，那么放大了建筑实际上就相当于增加了建筑细致程度。另外还可以通过更换方块的材质增加逼真程度，同时渲染的时候还可以再通过增加光影的效果让呈现出来的视频或图片更加逼真。

在元宇宙中大家更注重参与度，以及与其他人的交流和互动。这里一定要增加参与者之间的互动，与谁一同探索元宇宙的世界，远比看到的风景更加重要，因为这里的风景都是虚拟的、数字的。在虚拟的数字世界，一定要创建出新的比现实世界更加丰富的体验，这才是元宇宙吸引更多参与者的前提。而这正是Minecraft虽然只是像素风格但能够风靡全球的原因（Roblox也是一样）。

向人工智能学习

随着人工智能的发展，未来在元宇宙这个虚拟的数字世界中，我们可能并不只要向他人学习，而且还有可能要向人工智能学习。

人工智能发展至今有两个高光时刻：一个是近几年（2016年）AlphaGo以4比1的总比分击败围棋世界冠军职业九段棋手李世石；而另一个里程碑应该是1997年5月11日"深蓝"击败国际象棋大师卡斯帕罗夫。这期间其实人工智能经历了一个发展的低谷期。新的高光时刻是因为全新技术方式机器学习的发展。

机器学习从字面上简单理解就是计算机自己学习。"深蓝"时代采用了一套称为专家系统的技术，这种技术会把绝大多数的可能性都存在计算机当中，当遇到问题的时候，计算机会搜索所有的可能性，然后选择一个最优路线。这种技术的核心是要预先想好所有可能出现的问题以及对应的解决方案，所以当年的主要工作就是组织专家给出对应问题的解决办法，然后把这些回答按照权重组织在一起形成专家系统。我们现在知道这种技术有很多局限性。一方面，在复杂的应用场景下建立完善的问题库往往是一个非常昂贵且耗时的过程；另一方面，很多基于自然输入的应用，比如语音和图像的识别，很难以人工的方式定义具体的规则。因此现在的人工智能普遍采用的都是机器学习技术。这种技术与专家系统最大的区别就是我们不再告诉计算机可能出现的所有问题以及问题的解决办法，而是设定一个原则，然后给计算机大量的数据，让计算机自己去学习如何进行决策，由于这个过程是计算机自己学习，所以称为机器学习。可以说机器学习是实现人工智能的一种训练算法的模型，这种算法使得计算机能够学习如何做出决策。

在专家系统中，我们知道计算机是如何工作的。还是以国际象棋为例，对应计算机的工作流程就是检索所有的棋谱，然后选择一个获胜概率最高的走法。这个过程如果没有计算机，换一个普通人也能完成，只是每走一步花的时间要多一些而已，计算机的优势只是速度快。而对于机器学习来说，当计算机学习完毕之后我们是不知道其对应的思考过程的，即无论花多少时间，这个过程是人本身完成不了的。AlphaGo学习的时候还是学的人类的棋谱，而之后的AlphaGo Zero完全是自学，它一开始就没有接触过人类棋谱。研发团队只是让它自由随意地在棋盘上下棋，然后进行自我博弈。最后的结果是在AlphaGo Zero面前，AlphaGo完全不是对手，战绩是100：0。

可以说有些领域人工智能比人类更厉害。前段时间看一个关于围棋的电视节目，现在节目当中都会配一个AI助手来实时预测比赛结果。而主持人也说原来棋手下棋都是找高手对弈，以提高自己的棋力，而现在几乎每个职业选手都会配一个人工智能对手，通过与人工智能对弈来提高棋力。人工智能的风格更多变，而且永不疲倦，要比人类棋手更好。

在元宇宙这个数字的世界中，数字人工智能也可以有一个虚拟形象，所以真的不好说我们"面对"的是一个小学生，还是一段代码。每个人都应该放平心态，做一个终身学习者。三人行必有我师，不管是现实中的人，还是虚拟世界中的数字人。

电影《失控玩家》中，主人公就不是一个现实世界中的人，而是一个虚拟世界中的NPC，是一个数字人（图6.3）。影片讲述的是一个数字人"觉醒"的故事，这个数字人在"自由城"中拥有了自己的思想，于是希望在这个数字的世界中寻找自我价值。

"自由城"名字好听，但其实这里是一个充满了罪恶的世界，玩家可以在游戏里烧杀抢掠，体验当法外之徒的快感。觉醒后的主人公非常善良，他不愿意杀人放火，于是开始了做好事不留名的奇特游戏生涯。他以一己之力影响着游戏的风气，成为传奇人物，现实中的玩家纷纷猜测他的真实身份。主人公的反常举动导致虚拟世界的开发商决定关闭这个世界（同时也是为了推出新的数字虚拟世界），如果这个世界被关闭了，那么这个觉醒的数字人也就不存在了，因此主人公扛起了拯救这个数字世界的重担。

图6.3　电影《失控玩家》，当虚拟世界中的数字人意外带上玩家的VR眼镜之后被惊呆了，他看到了玩家眼中的世界：四处漂浮着的虚拟图标，提示着任务、血量和弹药量等，地上还有装备、医疗包

新职业与新教育

未来的社会是人类与机器、人类与人工智能、人类与智能化设备共处的世界。而在元宇宙当中，则是人类与人工智能、人类与数字人共处的世界。数字虚拟世界与现实世界相互融合，相互影响，在这样的时代，创造力与逻辑思维能力变得尤为重要，科技以及社会得以高速发展离不开具备这两项能力的人。元宇宙教育的目的正

是培养和保持人类的这两项能力。元宇宙教育并不是指一个具体的实体，不是指某一阶段的教育或具体的教学内容，而是泛指某种思想或原则。在这种思想和原则下产生的所有具有教育属性的内容、形式或方法都属于元宇宙教育。

教育的目的

教育的目的是把受教育者培养成为一定社会需要的人的总要求，是根据一定社会的政治、经济、生产、文化科学技术发展的要求和受教育者身心发展的状况确定的。它反映了一定社会对受教育者的要求，是教育工作的出发点和最终目标，也是确定教育内容、选择教育方法、检查和评价教育效果的根据。

教育的目的是国家培养什么样人才的总要求，反映社会成员在教育上的总需要。目前，新科技革命引发了一场剧烈的社会分工调整，那些以机械性重复劳动为核心的职业将会被技术所替代，人才培养重心不再局限于固定的知识技能，更加注重知识学习与社会实践的有效联结，重点培养学生的创造力、逻辑思维能力，以及意志力、责任感和问题解决能力。

元宇宙教育将面向新职业

2021年4月，哔哩哔哩（bilibili）联合DT财经发布了一份有趣的报告——《2021年青年新职业指南》，其中出现了很多有趣的新职业，比如UP主、短视频策划师、直播选品师、剧本杀设计师、捏脸师等。这些职业有一个共同点，就是需要强大的创造力，比如捏脸师，这个职业的工作不是真的去捏人脸，而是根据客户的描述来设计虚拟数字世界中的形象，还能够帮客户搭配合适的服饰等。这个职业完全是因为数字虚拟空间的发展而出现的。

麦肯锡最新的报告中预测，到2030年，全球将有8亿个工作岗位会被机器人（或人工智能）代替，一些岗位将发生重大变化，而有一些岗位将彻底消失。自动化或智能化对强管理属性、强专业属性和强沟通属性的岗位影响较小，因为机器在这些领域的表现还无法与人相比。未来，用人需求将持续增长的岗位包括医疗服务人员、工程师、信息技术相关专业人士、管理人员、教育工作者、创意工作者等。

未来的社会一方面机器人或人工智能会取代机械性重复较多的职业，另一方面人与人的交流会减少，而人与机器的交互会越来越多。这种情况又变相地造成了一些职业的消失，比如我们身边饭店的服务员，原来点菜基本上都是服务员的工作，但现在越来越多的饭店都是扫码点餐，我们只需要拿出手机扫一扫，就能看到所有的菜品，有的饭店甚至连碗筷都是自助的形式，或者干脆就在饭桌的抽屉里。而现在有的饭店来送餐都是智能机器人来完成。在未来，人工智能和智能机器人将成为数字社会的重要组成部分，它们势必会取代部分现有的工作岗位。不过，以创意为核心的职业，不仅不会被取代，还将在元宇宙中展现出更大的价值。比如剧本杀设计师，他们实际上扮演的是剧本情节的导演和指挥，这需要设计师充分发挥自己的创造力、同理心以及写作能力。他们要让玩家沉浸其中，并能将自己带入到故事情节中。

在元宇宙这个虚拟世界中，还会涌现出一批新的职业，比如数字艺术家、元宇宙导游、数字土地建筑师等，这些职业有的已经存在了一段时间了，早在2018年，就有人从事数字土地评估的业务。由于未来是元宇宙的虚拟数字世界和现实物理世界融合的社会，一切都会高度数字化，而只有通过程序才能够影响数据，因此，未来编程能力将成为很多新职业的基本要求，当然也不是完全精通编程，但最起码要有一定的数据处理能力（编程处理数据会更快一些）。

随着人工智能的发展，人们对Python的学习热情也越来越高涨，而Python的简单易学又推动了各行各业在加速数字化。新冠肺炎疫情暴发后，这个趋势更加明显了，很多员工都出现了技能不足的情况，因此，一些有远见的公司开始对全体员工开展数字技能的培训，比如要求参加编程和数据分析方面的课程。

英国《金融时报》报道："像许多金融企业一样，美国银行的数字业务也面临技术员工短缺的问题。因此，该银行通过内部线上的一系列课程来培训员工。"美国银行在2018年就设立了专门的培训部门，为全体员工提供带薪培训，培训的内容为编程与数据分析等内容。

除了美国银行，摩根大通最近几年也非常重视对员工进行编程方面的培训，在相关项目上投入了数亿美元，甚至规定在2018年后入职的资产管理分析师必须接受Python培训。在摩根大通的眼中，未来商业的语言就是计算机程序，想要在21世纪保持竞争力就必须学会编程。基于对计算机程序的深入理解，业务团队可以和技术团队使用相同的语言，为用户提供更好的工具和解决方案。领英同样认为，未来对自带数字化基因的原生职位的需求将迅速增长，编程与数据分析能力会成为众多职位必备的职业技能。具有"专业技能＋数字化技能"的复合型人才在求职中将会更具竞争力。

要大规模地普及编程和数据分析的能力还需要推进教育服务供给社会化，大力支持相关企业和学校购买教育服务，努力满足人民群众对于编程与数据分析的相关教育需求。这又包含三个方面。

一是扩大优质教育资源供给，鼓励引导社会力量将先进教育理念转化为优质教育资源、学习支持服务和智能教育平台，通过互联网和虚拟数字世界提供特色教育服务,依托社会机构建立中心学习社区,推动机构、企业内外互联的教育场景,构建全社会协同育人新格局。

二是积极培育教育服务新业态,加大财政投入力度,以市场化手段优化教育资源配置,根据未来教育发展态势更新政府购买服务指导性目录,进一步放开教育服务市场准入,支持符合条件的新型教育服务纳入教育体系或企业内部的培训体系,培育一批具有良好社会信誉、自主品牌优势和核心竞争力的教育机构。

三是支持相关企业和学校购买教育服务,设立专项经费,完善制度体系,规范采购流程,鼓励有条件的地方探索相关企业和学校购买教育服务的有效模式,积极推进第三方评价,加强相关企业和学校购买教育服务的绩效管理。

技术永远在不断进步,历史上任何一次技术的升级,都会淘汰一批岗位,也会带来新的机遇。当新的技术变革已经到来,人工智能和智能机器人已经开始接手我们的工作时,我们只有积极改变自己,让自己的思维和技能赶上时代的步伐,才能直面全新的机遇与挑战。

不管在什么时代,职业的转变本质上是思维方式的转变。只有打通了思维层面的壁垒,才能真正做到职业的转变,才能在新的时代下大展宏图。元宇宙新思维包含了四个层面。首先是技术思维,元宇宙的发展由数字技术创新驱动。要真正理解元宇宙,那就需要充分理解技术,捕捉技术的发展方向,这样才能看清楚元宇宙发展的未来。其次是金融思维,金融能够在时间维度上调配资源。在实物资产全部数字化,数据全面资产化的情况下,数字金融将成为元宇宙持续发展壮大的关键动力。因此,只有理解了金融思维,才能够在职业规划中利用好数字金融这一强大的工具。再次是社群思维，社群将成为元宇宙时代主要的组织形式。不过，社群在治理方式、分配逻辑、运行模式等方面与公司这种传统的组织差别很大。因此，只有了解了社群思维，才能在新的组织类型中发挥自我价值。最后是产业思维，元宇宙中的经济是数字经济和实体经济的深度融合。只有理解了元宇宙时代的产业逻辑，才能把握住元宇宙爆发的机遇。这里要注意，元宇宙思维并不是四个层面思维的简单叠加，而是要实现深度耦合、互为支撑的综合效应。元宇宙思维就是元宇宙的知识图谱，也是未来新世界最关键的思维方式。

元宇宙将对每个人的未来发展产生重大影响，每个人都应该深入思考自己在元宇宙时代的职业发展和核心竞争力。元宇宙是一个自由、开放、多元化的世界，物理世界中的各种资源约束有望消失，每个人都有机会成为自己想象中的样子，创造力将成为最重要的制胜要素。因此，在规划未来职业发展时，我们要充分聆听自己内心的声音，找到自己热爱的发展方向。此外，为了适应元宇宙的挑战，我们必须坚持学习，成为一名终身学习者。要注意，未来的学习方式不再是简单通过书本学习已经归纳好、成熟的知识，而是在元宇宙的广阔天地中不断地探索。每个人都有机会将自己的经验总结形成新的知识，并将这些新的知识传递给其他人。

目前，我们大多数人还都是在公司的组织模式下工作，但随着社群时代的来临，每个人的工作和写作方式都会发生根本性的变化。从现在开始，我们应该开始尝试参与一些社群建设。注意，我们不要仅仅站在旁观者的视角参与这些活动，而是要找到自己在社群中的定位和贡献方式。在社群协作中，每个人的优势都可以得到充分发挥。在新的基于社群的协同关系下，无论能力大小或资源多寡，每个人都能产生巨大的价值，都能得到合理的价值分配。

元宇宙教育是终身教育

元宇宙时代，知识更新明显加速，新旧职业呈现结构性更替，人才培养重心转移，终身学习能力将成为新一代劳动者的核心竞争力。

自近代学校教育制度建立以来，学校在担负培养和塑造年轻一代的责任方面，起到了任何其他社会活动所不能替代的作用。但自20世纪60年代以来，学校教育的矛盾、弊病也与日俱增，如校园暴力、考试竞争的激化以及学校因竞争造成的差别扩大和偏重学历造成的学校与社会严重脱节等。这种情况下，人们要求对传统学校教育甚至教育体系进行根本的改革，希望能产生一种全新的教育理念，从根本上改变旧的教育制度。提倡家庭教育、学校教育和社会教育（成人教育）三者有机结合。

终身教育突破了正规学校的框架，把教育看成是个人一生中连续不断的学习过程，是人们在一生中所受到的各种培养的总和，实现了从学前期到老年期的整个教育过程的统一，既包括正规教育，又包括非正规教育。它包括了教育体系的各个阶段和各种形式。概括而言，终身教育是指人的一生的教育与个人及社会生活全体的教育的总和。

个体在其一生中参加各种使之生存发展的教育、学习活动，利用各种机会去更新、深化和进一步充实最初获得的知识，使自己适应不断变革的世界。一个人从出生到生命终结，按照教育阶段可分为婴儿、幼少年、青壮年、中年、老年五大阶段。在五大阶段中每个阶段接受教育、参加学习的情况都各有差异。

婴儿阶段主要接受家庭环境的熏陶。向父母及其他家庭成员学习，这是在自然状态下进行的学习，属于非正规教育的范畴。

幼少年阶段会继续受到家庭环境的影响，并逐步接触所在社区和学校，接受系统的正规化的学校教育，启蒙人生，增长学识。因此，个体在这一时期接受正规和非正规两种教育方式。

青壮年阶段仍然接受家庭、社区和学校教育，逐步趋向成熟，并开始接触社会。随着传统的一次性学习任务的完成，走出校园，走向工作岗位。在这一阶段，个体为了满足就业和转岗的需要，必须不断更新知识，接受再教育，学习与工作交替进行。因此受到正规、非正规、非正式三种教育。

中年阶段为了事业有成，实现人生最大的价值，家庭、社区、学校、社会等一切学习领域都被充分占领，同时接受非正规教育和非正式教育。

而随着年龄的增长逐渐进入垂暮之年，就进入了老年阶段。在这个阶段，为了提高晚年的生活质量和生活品位，个体将继续利用家庭、社区、学校和大部分社会学习空间，主要通过非正规教育和非正式教育两种方式接受新知识，不断充实和完善自己，为社会发挥余热，以实现"老有所为"的人生价值。

目前我国终身教育取得了明显进展，但终身学习理念尚未普及，终身教育制度尚不完善，经费投入不足，学分银行和资格框架还不健全，缺乏法律法规的规范和地方配套落实措施，教育、社会、行业协会之间的关系尚未完全理顺，还不能很好地适应产业结构升级和人力资源转型。为此，我们需要进一步完善终身教育制度体系，建立国家资历框架和学习成果认证制度，构建各级各类教育衔接沟通的"立交桥"。具体可以从两方面入手。

一是加快完善终身教育法规，推进《职业教育法》《高等教育法》等相关法律修订，建立政府主导、多部门配合、全社会参与的运行机制，健全终身教育经费保障机制、跨部门协同机制和支持激励机制，为构建终身学习立交桥提供制度保障。

二是推进国家教育资历框架建设，加强职业教育与普通教育、学历教育与非学历教育、职前教育与职后教育沟通衔接，引导教育机构、科研机构、行业企业等多方主体参与，研制各类学习成果认证标准、转换路径和实施办法，推广普及个人学分银行账户，率先实现普通教育、职业教育与继续教育相互之间的学分互认，积极探索人工智能、大数据、区块链等新技术在学分银行中的创新应用，为学习者提供智能化和个性化服务。优先与"一带一路"沿线国家签署标准互认协议，提升我国在教育资历框架体系中的话语权。

学分银行，是一种模拟或借鉴银行的功能特点，使学生能够自由选择学习内容、学习时间、学习地点的管理模式。与商业银行零存整取的储蓄方式相似，学习者平时零星学习可以得到学分，这些学分能像货币那样被存储在国家相关部门授权的机构，当达到一定标准之后，还能兑换相应的学历和非学历证书。学分银行突破传统的专业限制和学习时段限制，将技能培训与学历教育结合起来。这种形式将学生完成学业的时间从固定学习制改变为弹性学习制。根据"学分银行"制度，学生只要学完一门课就计一定的学分，参加技能培训、考证也计学分，然后按全部应得学分累积；同时，允许学生不按常规的学期时间进行学习，学习时间可集中也可中断，即使隔了几年，曾有的学习经历仍可折合成学分，存于"学分银行"。"学分银行"尤其适合职业教育边实践、边学习的特点。职业学校设立"学分银行"，学生可以半工半读，工学交替，学完一门功课，可将拿到的学分存入"银行"，工作几年回来后可以继续学习，学完一门算一门学分，累积到规定学分总数后即可"支取"相应学历。"学分银行"的"灵活"优势显而易见，它有利于调动学生积极性；有利于学校走向市场；有利于各类教育沟通衔接；有利于教师提高素质。

在学分银行，多种多样的学习成果，包括以往认证无门的学习成果，都可以进行存储，相当于为学习者建立了一份电子版的终身学习档案。随着我国进入新的发展阶段，产业升级和经济结构调整不断加快，各行各业对技术技能人才的需求越来越紧迫，通过学分银行，可以拓宽技术技能人才成长的通道。职业教育和成人教育重在培养应用型人才，鼓励学习者参加职业培训，获取职业技能等级证书。相比普通高等教育，学习者对学分认定与转换的需求更大。

我国对于"学分银行"的探索开始于2006年，这一年，上海市委、市政府印发《关于推进上海学习型社会建设的指导意见》，明确提出"到2010年初步建成'人人皆学、时时能学、处处可学'的学习型社会框架"的总目标。上海市教委开展学分互认调研，积极探索学历与非学历教育间的"学分互认"机制，初拟《开展高等教育学分互认试点和学历教育与非学历教育沟通试点的方案》，先在成人教育和业余教育领域试点。探索建立"市民终身学习卡"制度，把市民终身学习情况、学习奖励记录在案，在此基础上建立"学分银行"，给予学历或非学历的成果认定。

2010年，《国家中长期教育改革和发展规划纲要》提出"搭建终身学习'立交桥'……建立继续教育学分积累与转换制度，实现不同类型学习成果的互认和衔接"以来，"学分银行"这一概念频繁出现在一系列政策文件中。

学分银行能更好促进校企融合、产教融合。人们的短期培训、职业资格证书等更多的是在企业、行业获得，学分银行对这些学习成果进行认证、转换，就可以把这种非学历教育学习和学历教育对接起来，把行业与学校更好地连接起来。将来或将把企业中的"大学"纳入学分银行的联盟成员中，从而进一步提高校企合作水平。

2016年，教育部颁发的《关于推进高等教育学分认定和转换工作的意见》提出："探索建立国家学分银行，构建分级认证服务网络，对学习者不同形式学习成果及学分进行认定、记录和存储。鼓励区域、联盟学校建立学分认定、积累及转换系统。"

2020年，北京市学分银行启动，不论学历教育（普通高等教育、职业教育、成人教育、自学考试等）、非学历教育（职业培训、社区教育、老年教育、资格证书等），还是个人经历（竞赛成果、实习经历、工作经历等）所产生的学习成果，符合一定的标准都可以申请转换成院校学分。按照"统一规划、试点先行、分期推进"的原则，目前北京市学分银行首先在北京市职业教育和成人教育开展试点，逐步对职业培训、社区教育、老年教育等非学历教育的学习成果、各类学历教育学习成果，以及个人工作经历、实习经历、竞赛成果等开展学分认定，转换成职业教育和成人教育学分。

北京市学分银行通过实践总结经验，会逐步扩大范围，条件成熟时，会再向普通高等教育领域延伸。我国的教育主要分为基础教育、职业教育、高等教育和继续教育四大类。除基础教育，学分银行能做到职业教育、高等教育和继续教育"三教融合"，能够把非学历教育和学历教育，以及低阶段的学历教育和高阶段的学历教育对接起来，发挥"立交桥"作用。

对于国家来说，通过学分银行的"度量衡"机制，找到了一个"标尺"，建立统一标准的公共服务平台，提升教育培训质量，畅通人才成长通道，搭建横向融通、纵向贯通、开放灵活的终身学习"立交桥"，更有利于释放政策红利，促进教育公平。

作为国内首个实际运行的面向全市的学习成果转换平台，上海市终身教育学分银行是从普通高校及其继续教育学院、开放大学、自学考试等开始起步的。目前，上海市终身教育学分银行已有376万学习者开户，9.1万人转换学分。学分银行对教育最为直接的影响便是根据不同的课程体系进行学分化,制定出了各种学分模块,更有利于学校进行灵活的、个性化的课程设置。假如一所高校大学生修完180个学分就可以毕业,而且他在3年内完成了,那就没必要等4年才毕业。而这就对高校的完全学分制改革奠定了基础,有的学校已经开始改变。

目前全国共有16个省、直辖市进行了学分银行建设,而学分银行中的"央行",即国家级学分银行,目前正在进行施工蓝图设计。

国家级学分银行建设的难点在于我国教育类型多样,且不同类型的教育之间的课程设置、质量标准和学分"含金量"不一,比如成人高等教育,是由学校体系进行招生、教学、评价和发证,这是按照学校标准来的,而非国家统一标准。再如,学历教育与职业培训等非学历教育两套体系比较分离,"很多标准要打通起来比较难"。未来国家级学分银行与各地区的学分银行之间的关系可借鉴央行与商业银行,由国家级学分银行制定标准,包括学分标准、单元标准、认定标准以及数据标准等。同时,国家级学分银行要对"商行"进行监督和管理,并建立质量保障机制。

元宇宙的到来,其实让我们对于学分银行有了深一层次的思考,如果基于区块链这种去中心化的形式来打造"学分银行",那么通过智能合约、去中心化的平台和价值传递机制,就更能保障"学分银行"系统运行的稳定、高效和透明。其实在元宇宙中,每个人的"数字"行为都是能够记录下来的,我们参与社群的协作和建设,或者在元宇宙中的贡献也都会记录下来。这些内容会比目前"学分银行"中实行的内容更细致化,如果我们将这些数字化的内容都放入元宇宙的"数字银行"体系中,那么就能够更加全面、立体地展现一个人的学习过程与教育情况。

2021年10月24日，笔者联合一些其他老师在编程日活动网站codeday.org.cn上通过线上的形式发布了全新的3D沙盒类编程平台社群——"我们的元宇宙"（图6.4）。

"我们的元宇宙"允许参与者在这里构建一个虚拟的数字世界，同时还可以依托编程的形式创建动画、实现智能交互、开展教学活动。展示方面，除了在电脑端显示，还支持VR设备，同时还能够通过微信小程序快速分发浏览。这个线上的社群当中会记录每一位参与者对于这个虚拟数字空间的贡献，而这会构成每个参与者的评价体系。

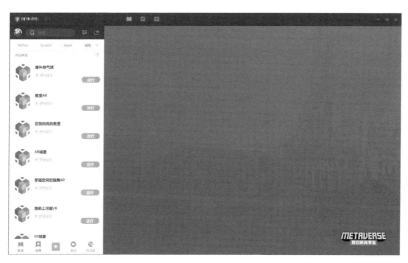

图6.4　3D沙盒类编程平台社群"我们的元宇宙"的界面

另外几位发布该社群的老师还计划在这个元宇宙中打造一个"学分银行"，参与者可以上传任何教育学习形式产生的成果。不论是学历教育（普通高等教育、职业教育、成人教育、自学考试等）、非学历教育（职业培训、社区教育、老年教育、资格证书等）、还是个人经历（竞赛成果、实习经历、工作经历等）等，都可以通过大众评分的形式来确定每项成果对应的学分，最终希望形成一个高效和透明的综合评价体系。

在"我们的元宇宙"当中，笔者参考《我的故宫世界》，又创建了一个逼真程度更高的故宫世界，如图6.5所示。这次在这个数字的虚拟世界中，通过编程技术可能还会增加一些NPC的交互，以及相关历史、地理知识的动画展示，甚至是融入一些寻宝、探秘的游戏。

图6.5　参考《我的故宫世界》，在"我们的元宇宙"当中又创建了一个逼真程度更高的故宫

可能很多人都会觉得元宇宙和元宇宙教育这个概念太虚了，或者认为元宇宙教育就是线上虚拟场景中的教育或是通过扩展现实技术对现有教学场景的补充。但由于笔者编写Minecraft系列图书以及一系列编程图书的缘故，对于元宇宙教育又有不同的理解。元宇宙教育一定是一个能够推动教育变革的终身教育模式，它并不是一个具体的实体，不是指某一阶段的教育或具体的教学内容，而是泛指某种思想或原则。在这种思想和原则下产生的所有具有教育属性的内容、形式或方法都属于元宇宙教育。正因为有了之前的一系列思考和积累，我们才能够比较自信地将元宇宙以及元宇宙教育以一种"仰望星空、脚踏实地"的方式奉献给读者。

参考文献

[1] Stephenson N. Snow crash[M]. New York: Bantam Books, 1992.

[2] 36氪. 世界上最大的在线创作游戏平台Roblox上市[OL].

[3] VentureBeat. Roblox CEO Dave Baszucki believes users will create the metaverse[OL].

[4] 赵国栋，易欢欢，徐远重. 元宇宙[M]. 北京：中译出版社，2021.

[5] 维基百科. 元宇宙[OL].

[6] 程晨. 我的Python世界[M]. 北京：人民邮电出版社，2018.

[7] Watch Blockeley, UC Berkeley's online Minecraft commencement. Berkely News[OL].

[8] You achieved greatness in the face of turmoil, virtual Carol Christ tells 2020 graduates. Berkely News[OL].

[9] 芥末堆. 默默投入数十亿刀，微软推出Minecraft教育版[OL].

[10] 程晨. 我的故宫世界[M]. 北京：人民邮电出版社，2020.

[11] Roblox的成长历史. 新浪财经[OL].

[12] 程晨. 红石电子学[M]. 北京：人民邮电出版社，2019.

[13] 刘慈欣. 三体1：地球往事[M]. 重庆：重庆出版社，2008.

[14] 在《我的世界》里搭建神经网络，运行过程清晰可见，不仅好玩，而且代码全部开源. CSDN技术社区[OL].

[15] Minecraft Is a Testing Ground for Human-AI Collaboration. MIT Technology Review[OL].

[16] 程晨. 鸿蒙应用开发入门[M]. 北京：人民邮电出版社，2022.

[17] 吴军. 大学之路[M]. 北京：人民邮电出版社，2015.